降本增效

增效

用内部控制
提升企业竞争力

财务小豆芽 著

人民邮电出版社

北　京

图书在版编目（CIP）数据

降本增效 ：用内部控制提升企业竞争力 / 财务小豆芽著. -- 北京 ：人民邮电出版社，2024. -- ISBN 978 -7-115-64955-3

Ⅰ. F271.3

中国国家版本馆 CIP 数据核字第 2024EA9664 号

内 容 提 要

2023年我国股票发行开始全面实行注册制制度，标志着更多的企业有机会在资本市场上取得融资，这对企业的内部控制也提出了更高的要求。在当下经济形势中，中小企业更加迫切地需要建立适合自己的内部控制体系，并利用内部控制进行降本增效，提升企业价值。

本书从企业实操的角度，比较完整地介绍了内部控制的理论及实践，涵盖SOX法案及企业内部控制的框架，以及具体操作流程层面的采购环节、销售环节、成本控制、资金管理、人力资源管理、固定资产投资及其他投资管理；同时将财务报告、预算管理、税收筹划风险管理融入本书之中；并对ChatGPT如何协助内部控制工作进行了阐述；最后在延伸阅读中提供了内部控制评估报告编制等内容，以协助企业内部控制更好地落地。

本书内容通俗易懂，案例丰富，适合从事内部控制工作的人员、企业家、企业管理人员、财务人员、高等院校相关专业的师生阅读。

◆ 著　　　　财务小豆芽
　　责任编辑　刘　姿
　　责任印制　周昇亮

◆ 人民邮电出版社出版发行　　北京市丰台区成寿寺路 11 号
　　邮编　100164　　电子邮件　315@ptpress.com.cn
　　网址　https://www.ptpress.com.cn
　　涿州市般润文化传播有限公司印刷

◆ 开本：700×1000　1/16
　　印张：15.75　　　　　　　　2024 年 10 月第 1 版
　　字数：266 千字　　　　　　2025 年 9 月河北第 4 次印刷

定价：69.80 元

读者服务热线：(010)81055296　印装质量热线：(010)81055316
反盗版热线：(010)81055315

序

认识作者昝婷婷是在一次财务公开课上，我在讲到财务人员为何要一丝不苟地遵循做报表的所有格式细节时，昝婷婷举手发言，分享了她在安永会计师事务所的经历，讲了她的合伙人是怎样毫不留情地将不合规范的报告扔进纸篓里的故事。

之后昝婷婷报名参加了我好几个公开课与讲座，和第一印象一样，昝婷婷做事认真仔细，对关键的技术细节，她会不求甚解。从她记录的课堂笔记，就可以看出她是一个善于学习和思考的人。

不承想，在 2023 年年初的一次讲座结束后，她找我帮她这本书写一个序，我当时感到惊喜但又不惊讶。惊喜的是她利用在家的时间完成了这样一本 20 多万字的书；但仔细一想，又不惊讶，像昝婷婷这样爱思考又勤奋学习的人，写出这样的专业书一点也不让人感到奇怪。

我用了一周的时间读完了本书，我的感受就一个字：实。展开来讲就是：实效、实务、实操。

1. 实效

不论是引用美国 SOX 法案的内部控制流程，还是总结中国本土中小企业的内部控制现状，本书都着眼于如何帮助企业从体系与架构的角度来防范风险、优化制度。

具体而言，我帮读者理出了"2 个 W"的思维方法论。第 1 个 W 代表 What Could Go Wrong，即可能出错的风险点在哪里。这是"四大"会计师事务所经过大量的案例分析总结出来的一条简单却又直击问题本质的、强有力的思考纲领。它可以帮助管理层在众多复杂的业务现象中，一下子找到问题最直接的后果，并以此为起点判定风险级别，从而有针对性地组织企业资源做防范措施。

比如书中列举的国内企业经常碰到的假发票问题，如果对 What Could Go Wrong 的认识仅仅在"发现后补税"这个层面，而没有意识到此问题引发的税务稽查风险，企业有可能深陷困境而不自知。

第 2 个 W 代表 Walk-through，即审计时常用的穿行测试，它既是一个工具，又是一个实用性很强的风险判别思路。如果说第 1 个 W（排查重点风险）是形而上的顶层思维，那么第 2 个 W（穿行测试）则是一种还原现状的具象思维。

同样是上面的假发票问题，用穿行测试的方法，就是用具体的一张假发票作为引子，对从发票的查验、税务局的系统管控，到月度税务申报，再到税务稽查的全过程做穿行测试，深入了解风险发生的可能性与影响度，从而获得一个真实而有依据的风险测评结论。

2. 实务

本书从开篇到结尾都在讲企业的实务。对于从无到有建立管理规范的企业，本书具有很好的参考价值。这些实务都是以业务流程的方式展开的，比如销售端的市场销售预测流程和销售后的收款管理流程，采购端的下单到付款流程，人力资源管理中从招聘人才到离职人员管理的全流程。以上内容在本书中都有详细的流程图，方便零基础的、想建立完整业务管控流程的企业使用。

3. 实操

本书不只涉及通用性的企业流程，还提供了一些落地的实操工具。比如授权管理中的授权审批表，按金额大小与职务级别分层提供，这种工具可以即查即用。想推进标准成本的企业，可以参考本书中的标准成本计算图，书中将标准成本的计算方法列得清清楚楚，企业可以根据自身业务的复杂程度部分或全部选用这个参考图。

除了上述三个"实"外，最后讲讲本书对当下中小企业进行数字化转型和管理升级的参考价值。随着金税四期的展开，以及监管机构利用大数据平台进行的升级管理，企业有必要自上而下重新审视现行的操作方法是否符合监管机构的合规要求。

用香帅老师的话讲，中国已进入熟经济时代，原先野蛮生长的投机机会越来越少了，所以，占企业总数量 90% 以上的中小微企业一定要从战略上重视合规经营的重要性。

本书汇集了作者自身在企业与国际知名会计师事务所工作的经验，融合了很多案例，可以帮助企业建立一整套合规经营的管理制度。而且，本书在案例选取方面融入了较为新颖的案例，更具有贴近现实的参考价值。

维信集团全球首席财务官、浙江大学客座教授、畅销书《从总账到总监》的作者

钱自严

2023 年 8 月 25 日

前言

2022 年 7 月我开始在小红书上以"财务小豆芽"的账号分享财务知识，得到了一些小伙伴的喜爱。2023 年 1 月我踏上了将自己的知识以体系化的形式呈现给大家的路，因而有了本书。

企业内部控制是一个越来越被重视的话题，随着我国全面施行股票发行注册制制度，越来越多的企业有机会触及直接融资。一些中小企业在发展经营中需要管理各种风险，而部分企业的财务部门、内部控制部门可能还没有做好相关准备。在今天的经济形势下，将降本增效融入企业经营的各个环节中，更是不得不做的事情，企业需要强有力的内部控制手段去控制成本、提高效率，使自己能在市场中多一份突出重围的力量，以便创造更大的价值。

对于刚起步的中小企业来说，企业的资源需要大量投入生存和发展中，很少有专业的内部控制团队或人员去对企业的环境和流程进行规划。在这种情况下，如果企业的企业主或财务人员能够制定并落实内部控制制度，企业在以后的经营中就不需要花费大量的精力去制定或修改该制度。同时，内部控制对提高企业的效率也起到非常重要的作用，能够助力中小企业争取更多的生存和发展的空间。

2005 年从南开大学会计系毕业后，我进入安永会计师事务所从事审计工作，后续又在甲方企业工作，经历了从新加坡交易所退市到在上海证券交易所主板上市的过程。而后，我又在美股上市企业的亚太区总部从事内部控制及合规工作，以及在某世界 500 强企业从事引入 J-SOX 相应规范的工作，可以说我在职业生涯中无时无刻不在跟内部控制打交道。在这个过程中，我不但积累了从甲方咨询顾问视角对内部控制管理的经验，更积累了从企业内部人员的视角，对企业内部控制实施的困难提出能落地的方案和提出符合企业实际情况建议的经验。

通过了解企业主、财务人员、内部控制人员对内部控制知识的需求，我系统化地将企业内部控制的知识进行梳理并将其转化成书稿。当然，本书的内容也仅是我对一些内部控制知识的理解，由于水平有限，书中难免会有疏漏之处，欢迎大家批评交流。

本书特色

● "内外"兼修：市面上有很多外部咨询机构的老师根据自己多年的咨询经验总结的内部控制的经验，但这更多的是从企业外部的视角来给企业内部控制"画肖像"。而本书中既有结合企业外部审计及咨询中偏重流程体系的讲述，又有在企业内部通过"实战"取得的第一手内部控制的实例，并从企业内部出发，通过更细致的分析，将企业内部的问题抽丝剥茧，让内部控制和降本增效真正落地。

● "边界"拓展：本书加入了许多传统内部控制之外的元素，从内部控制框架到 SOX 法案的具体内容，从财务预算到税收筹划风险的控制，从广义上来说更符合内部控制"提高企业资源使用效率，管理风险、提升企业价值"这一内容。

● "知行"合一：内部控制不是一种纸上谈兵的理论，更多的是用来解决企业实际问题的。在实际操作中，很多问题并不是一张表格一套流程能够解决的，而是需要将人性的因素、管理的因素考虑在其中。如制定采购需求时，每个部门通常会加入自己的一点"余量"，最终导致存货"爆仓"，如何挤出"水分"，是降本增效及内部控制在实践中要摸索的。本书真实地还原了企业内部场景，让读者了解更多实操经验以应用于实践，而不是当一个纯粹的"理论者"。

本书内容

按照总—分—工具的结构来描述本书内容。

第一部分，内部控制的框架。本书对内部控制的基本原理、风险管理进行了梳理、总结，并对四大会计师事务所、执行 SOX 法案的企业如何搭建内部控制框架，进行了逐一阐述。接着对企业内部控制制度的搭建进行了进一步的解析。

第二部分，内部控制的具体方面。本书涵盖了采购环节、销售环节、生产控制、资金管理、人力资源管理、固定资产投资及其他投资管理、财务报告及预算管理、税收筹划等方面的风险和关键控制点，应用大量上市企业或作者了解的企业的实际案例对相关知识点进行了分析，力图让实践和理论相结合，让本书成为一本接地气的内部控制工具书。本书还结合当下的形势，在业财融合、利用内部控制工具助力企业降本增效上有所撰写。

第三部分，内部控制的工具。本书介绍了几种在内部控制中简单好用的工具，让读者能够真正上手实操。另外，本书也提到了如何借助外部审计的力量推动企业的变革。本书还加入了目前大火的 ChatGPT 协助内部控制完成工作的内容，介绍了如何利用 ChatGPT 提高工作效率。

感谢每一位购买本书的读者，只要本书的知识内容能够帮助到你，那我每天加班写到凌晨一两点的付出就是值得的。我的小红书账号是：财务小豆芽。大家的私信我有时间都会回复。希望你在本书中有所得，希望我们能够在财务的路上走得更有价值。

本书适合读者

本书内容通俗易懂，案例丰富，适合从事内部控制工作的人员，企业家、企业管理人员、财务人员、高等院校相关专业的师生阅读。

致谢

在这里，我想特别感谢以下这些人。

首先，我想感谢为本书作序的钱自严老师，当年看《从总账到总监》时的激动记忆犹新，钱自严老师一直用他的行动感染着身边的人，他把自己定义为一个终身分享主义者，榜样的力量使我终于鼓起勇气，迈出了写书的这一步，使我能把我的所知所闻所感分享给更多的人。

其次，我想感谢向我邀书的罗雨露编辑，在万千作者中她发现了我，并且锲而不舍地鼓励我，帮我调整写作的方向，最终让我下定决心接下这一个巨大的任务，完成了本书。也感谢帮助我校对书稿的编辑，对书稿的文字进行修改、优化。

最后，我想感谢我的家人，我的先生在我写作期间，分担了家中大部分的事务，没有他对我的支持，我也没有办法完成本书。

财务小豆芽

2023 年 6 月 6 日于家中

目录

第 3 章　企业"节流"的关键 ——采购环节

第 4 章　企业"开源"的关键
　　　　　——销售环节

第 5 章 | **成本控制提高效率和价值**
——计划到生产

第 8 章　**企业的投资环节**
　　　　——固定资产投资及其他投资管理

第 9 章　**业财融合降本增效**
　　　　——财务报告及预算管理

第 10 章　税收筹划风险及风险应对

第 11 章　数字智能助力降本增效及 ChatGPT 对内部控制的协助

延伸阅读

扫码即可观看
延伸阅读精讲内容

内部控制工具及内部控制自我评价

第 1 章

风险与机遇并存的
内部控制理论基础

记得大学的第一堂审计课上的课题就是，为什么要有内部控制和审计。经营权和所有权的分离，给了管理公司的高管们更多的支配权，由此产生了代理风险和不信任危机，20 世纪初便诞生了内部控制理论的雏形——内部牵制（Internal Check）[1]。

特别需要强调的是：风险导向的内部控制理论强调风险在带来不确定性的同时会带来机遇，通过改善内部控制提高企业价值，砍掉不增值的成本，提升效率，为企业赋能。这也是内部控制的价值体现。

---

[1] 内部牵制：1905 年，L.R.Dicksee（L.R. 迪克西）最早提出内部牵制，他认为，内部牵制由三要素构成——职责分工、会计记录和人员轮换。

1.1 什么是内部控制

如果有人天天在你耳边说内部控制很重要，是企业赖以生存及风险管控的利器，你可能对这些话无感。先来看一个例子，之后你可能会有不同的感受。

🔍案例1-1

"90后"大学毕业生王某，应聘至济南某公司做出纳，两年间挪用公司公款4 800余万元，而他凭借的，仅仅是简单的造假技术和内部控制的漏洞。

一个企业在资金内部控制上通常会有两道关卡：网银制单和复核，应该由不同的人负责；每月月末对账时由出纳之外的另一人进行余额复核，以确保账实相符。而这两点，在以上被挪用公款的公司中都没有做到。网银制单和复核都在出纳处，银行余额也是由出纳截图给第三方，这就给了出纳造假对账单的机会。

该案例让人感慨，一个看似小小的漏洞就给公司造成了几千万元的损失。现在你了解到内部控制对一个企业的重要性了吗？

1.1.1 内部控制产生的原因

1. 公司经营权和所有权相分离是内部控制产生的根本原因

随着经济的发展，企业规模越来越大，一些企业主发现自己的能力及精力已经匹配不上企业的发展，需要有更多更专业的人协助打理企业，因此企业主会引进管理者，也就是"职业经理人"。这些人作为企业主的"代理人"替企业主经营企业，行使企业主决策的权利，由此产生了"代理理论"。

代理人也有自身的利益，而其利益有时并不是跟企业主完全一致的，做事不能完全靠情怀，需要有相应的机制去制约。出于对代理人的不信任，以及对完善企业机制的需求，产生了内部牵制制度，用此来对代理人和其他工作人员进行约束。内部牵制制度后来就发展成了内部控制制度。

2. 内部控制的雏形——内部牵制制度

内部牵制制度基于以下两个假设：两个或两个以上的人或部门，无意识犯同样错误的可能性很小；两个或两个以上的人或部门，有意识地合伙舞弊的可能性大大低于一个人或部门舞弊的可能性。

内部牵制制度的目的主要是保护财产的安全，具有实物牵制、分权牵制和簿记牵制等职能。案例 1-1 中的王某所在的公司，如果做到了最基础的"内部牵制"，公司的损失或许就不会出现了。

1.1.2　内部控制的发展及地位的确立

1. 内部控制发展历程

内部控制从最早的内部牵制制度提出，到近年来以 COSO 的两个框架为指引针对企业的管理提出了新的要求，中间有无数人和组织的智慧。以下用图 1-1 来说清内部控制发展历程。

图 1-1　内部控制发展历程

2. 内部控制发展的初始阶段

美国是国际上最早成立会计师协会的国家，内部控制的发展也与美国会计师协会的发展分不开。最早内部控制的权威定义，是由美国注册会计师协会（AICPA）[1]在 1949 年提出的，该协会 1958 年的审计程序公告中，将内部控制分为会计控制制度和管理控制制度，与 COSO 内部控制框架中的报告（Reporting）及运营（Operating）目标相呼应。

而 COSO 内部控制框架中的另一个目标——合规（Compliance）的出现始于美国的一个历史事件——水门事件。在调查美国总统尼克松的窃听事件时，司法机关揭露了一个暗地里资助和贿赂外国公职人员的庞大体系，涉及 400 家美国公司。1977 年美国国会通过了《反海外腐败法》（*Foreign Corrupt Practices Act*）。《反海外腐败法》的颁布明确了建立内部控制是企业的法律责任。很多大型企业会设立一个单独的合规岗位（大型企业与内部控制相关的岗位一般有内部审计、内部控制、合规三个分支），负责反腐败和反倾销等法律事务。

3. COSO 的建立及《内部控制整体框架》的发布

说到内部控制，COSO 是一个绕不开的存在，1985 年美国反虚假财务报告委员会下属的发起人委员会（The Committee of Sponsoring Organizations of the Treadway Commission，COSO）成立了。

COSO 成立以后，在 1992 年颁布了《内部控制整体框架》，这是内部控制历史上的一个里程碑。这个报告从三个维度——目标、要素、企业结构，立体地对内部控制进行了完整的梳理。2013 年，这个框架又进行了更新，如图 1-2 所示。该框架 1.1.3 小节会详细分析。

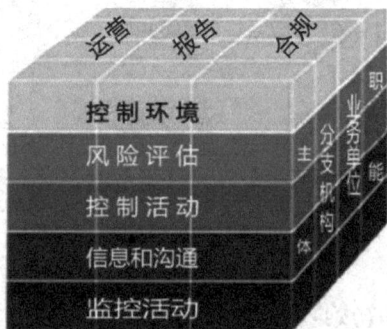

图 1-2　COSO 内部控制整体框架（2013）

1　美国注册会计师协会（American Institute of Certified Public Accountants，AICPA）是美国全国性会计职业组织，成立于 1887 年，1957 年更为现名。

2002 年美国针对安然造假事件颁布了 SOX 法案，以提高公司信息披露的准确性和可靠性，从而达到保护投资者的目的。

4. 其他国家内部控制制度的发展

随着资本市场的繁荣，各个国家投资者对上市公司的财务报表及财务状况都提出了更高的要求。在此背景下，各个国家也发展起了自己国家的"SOX"。比如，日本在 2006 年颁布了《金融商品交易法》（*Japanese - SOX*）；我国也在 2008 年颁布了《企业内部控制基本规范》，内部控制体系逐步完善。

1.1.3 COSO 内部控制整体框架

下面我们来拆分一下 COSO 内部控制整体框架（简称 COSO 内部控制框架）中的两个维度。

1. 内部控制目标（Objectives）

内部控制的三个目标分别是：财务报告（Reporting）的可靠性，经营（Operating）的效率效果和合法合规（Compliance）。

（1）财务报告（Reporting）的可靠性：企业的经营结果是反映在财务报表中的，所以一切控制都要首先保证财务报表的可靠和准确，2002 年的 SOX 法案针对此目标而不遗余力，力求以准确和公允的财务会计信息提振投资人信心。

（2）经营（Operating）的效率效果：企业的任何活动都要围绕达成经营效果、提升经营效率而展开。

（3）合法合规（Compliance）：企业要在不违反法律法规的大条件下开展经营活动，这是企业生存发展的必要条件。

2. 内部控制要素（Components）

COSO 内部控制框架下的五要素分别是控制环境（Control Environment）、风险评估（Risk Assessment）、控制活动（Control Activities）、信息与沟通（Information and Communication）、监控活动（Monitoring Activities）。

（1）控制环境（Control Environment）：控制环境包括诚信和职业道德价值观、董事会对内部控制机制的监督、管理层的授权及责任与目标相适应、组织对目标兑现的承诺、人员在追求目标时对内部控制负责。

在企业活动的各个方面，诚信是职业道德行为的前提条件。高管是组织的核心灵魂，其行为通常奠定了组织的道德基调。

案例1-2

针对员工虚开差旅费发票，管理层态度决定了内部控制在企业中的执行力度。对不恰当行为的惩罚轻微，或不为人知，会失去它作为威慑物的价值。

在民营企业A公司，某员工利用其直属领导因请病假不在公司且该领导工作由他人代理的机会，谎报多次出差，虚开酒店住宿费发票。财务人员在审核其发票时发现，多次不同日期出差的宾馆住宿费发票是连号的，遂产生怀疑。调取监控后发现，该员工并没有出差而出现在了办公室里。财务人员对该员工此恶劣行为立即通报公司高层，要求按照制度予以全公司通报及开除处理，但最终高层以该员工目前的工作不可替代为由，仅在小组内进行了批评，并要求该员工退回报销款。这件事在公司流传开来，员工认为违规的成本不大，财务人员在后续的费用审核中依然发现违规事件，且屡禁不止。当制度成为摆设时，人人都可以去践踏和破坏它。在没有内部控制环境的企业中，再好的内部控制制度也没法发挥作用。

（2）风险评估（Risk Assessment）：企业有足够的信息去识别和评估风险、能够决策如何管理风险、评估可能的舞弊风险、评估重大的变化对内部控制的影响。

（3）控制活动（Control Activities）：企业选择和构建能够把风险降低到可接受程度的控制、使用信息技术作为有力工具、将相关的控制融入制度和政策当中予以贯彻。

首先强调一个大前提：所有的控制活动都是针对风险而言的，不讲风险只谈控制是毫无意义的。通常构建控制活动的步骤如下。

① 寻找企业各个流程中的风险点。

② 评估风险的重要性水平：针对找出的风险点，判断风险的重要性水平，风险重要性水平 = 可能性（概率）× 危害（损失金额）。图1-3为风险矩阵图，这是一种定性的评估风险的方法。

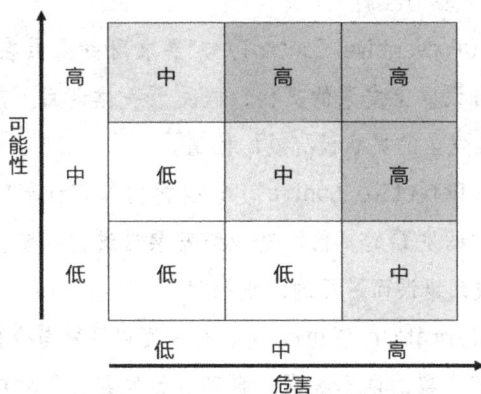

图 1-3　风险矩阵图

③ 找出应对高风险的控制活动：企业管理者根据自己的管理风格，制定出一个可接受的风险水平，在这个风险水平以上的，需要设计出有效的控制活动去降低风险，直到风险可被接受。

④ 实施相关的控制活动：控制活动只有在日常的运营中被贯彻执行，才能保证风险被控制在可接受水平以下。

以案例 1-3 来说明以上的控制活动构建方法。

🔍案例 1-3　报销中的假发票

在处理员工报销的时候，财务人员偶然会发现假发票的存在，如果这些假发票没有在报销时被财务人员发现，就会记入企业的账务系统。

① 寻找风险点。这些发票会有不能税前扣除的风险，严重的话还可能影响企业的税务评级。

② 评估风险的重要性水平。概率：由于每天都有大量的员工报销，风险发生的概率比较高。后果：金额较大的发票对账务影响大，金额较小的发票影响较小。

③ 制定可接受风险水平。经过对整年报销的分析，总报销金额 1 200 万元，其中 960 万元的发票单张金额超过 200 元。根据成本效益原则，管理层决定接受 80% 发票被检查的风险水平，而剩下的 20% 的发票被认为不重大，作为剩余风险或者可接受风险留在企业中。

④ 制定针对高风险的控制活动。

a.预防性控制（Preventive Control）。要求财务人员在处理报销发票之前，检查金额在200元以上发票的真伪，假发票一律退回。预防性控制是一种在事前的、阻止风险发生的更积极有效的控制。

b.检查性控制（Detective Control）。安排内部审计部门核查已经报销凭证中金额超过200元的发票的真伪，发现假发票再进行调整。检查性控制是一种在事后的，为了找到错误而进行的消极控制。

c.程序控制（Application Control）。企业可以开发与金税发票数据库相联系的应用程序，提取发票的电子数据，自动进行发票真伪的校验。这是一种有效的控制程序，同时又能提高效率，但前期需要花费大量的开发成本。

⑤ 根据制定的控制执行。将以上的控制以工作规范或手册的形式传递给执行者，要求其按照要求执行。

（4）信息与沟通（Information and Communication）：企业利用有用和相关的信息以支持内部控制和内部交换、与外部机构交流与内部控制相关的事务。

（5）监控活动（Monitoring Activities）：企业持续不断地对内部控制进行有效的评估，对评估发现的缺陷要及时地与管理层进行沟通并进行更正。

1.1.4　内部控制失效的根源

雪崩时没有一片雪花是无辜的。大多数组织都会经历内部控制崩溃的事件，当内部控制失效，舞弊发生时，人们就会问："内部控制到哪里去了？"

这里想跟大家明确一个概念：内部控制提供的是"合理"保证，而不是"绝对"保证。影响内部控制的有以下几个因素。

（1）缺乏有效的风险评估流程：如案例1-3所示，企业如果没有识别出会出现假发票的风险，自然不会采取任何措施。

（2）没有设计有效的内部控制程序：企业为了解决假发票问题，设计出的控制是让财务部加总发票的金额，而不是查询发票的真伪。这样的控制自然是无效的。

（3）没有按照设计的控制执行：企业要求财务部去查假发票，但是财务部负责报销的会计忽略了这条指令，或者在查发票时漏查了几张，都有可能造成控制失效。

（4）人员的能力不足：新来的费用会计刚毕业，根本不知道怎么去查验发票的真伪，也没有人教他，最后他自己摸索出的查验方法都是错误的。

（5）员工串通或者管理层凌驾于内部控制之上：比如费用会计明知道是假发票，但是还是给与自己合谋的同事报销；或者知道总经理拿来的发票是假发票，费用会计怕得罪总经理，就睁一只眼闭一只眼地给他报销了。

（6）剩余风险依然过大：管理层决定不检查单张金额在 200 元以下的发票，但是第二年单张金额在 200 元以下的发票特别多，按照之前的标准企业的剩余风险变大，引发了重大的不可接受的风险。这时候，就要对之前制定的制度和控制点进行再次审核及评估。

🔍案例 1-4　一个在签字前落跑的财务总监

2022 年 4 月 29 日，A 股份有限公司如以往一样公告了 2021 年年报和 2022 年一季报，不寻常的是，这两份报告上都没有财务总监的签字。上海证券交易所发出了监管函要求公司解释年报、一季报上没有财务总监签字的原因。

原来在 4 月 27 日晚上，公司董事会秘书发现桌上有一份财务总监签名的文件，文件主要内容："大股东干预公司生产经营情况，财务人员独立履行职责受到巨大影响，不能做到勤勉尽责，无法保证报告中财务数据的真实性、准确性、完整性，无法承担个别和连带法律责任，拒绝签署财务报告。"收到该文件后公司跟财务总监一直无法取得联系。

直至 5 月 5 日，财务总监给出了书面解释：（1）2021 年董事会决定恢复公司畜牧及屠宰业务，从 2021 年 5 月开始大量采购活牛，采购人员每人使用 200 万元备用金循环报销进行采购活动，且采购人员全部从大股东公司借调，在现金采购期间原始凭证和采购资料不齐，无法确认采购价格和生物资产，总金额达 1 亿元，对财务报告真实性影响重大；（2）大股东委派自己集团的财务人员进行付款审批而剥夺了 A 股份有限公司财务总监的审批权，影响财务独立性。

后经过协调，5 月初大股东将采购人员召回公司补全了采购资料，满足了生物资产确认条件。5 月 12 日大股东出具《关于作为实际控制人规范参与 A 股份有限公司运作的承诺》，自此，一场反管理层凌驾于制度之上的内部控制大战落下帷幕。

对该例子，我们用内部控制的五要素来进行分析。

1. 控制环境：A股份有限公司（简称A公司）的控制环境没有给内部控制的实施提供很好的土壤。

从该例子可见，A公司的整体环境不利于内部控制的贯彻和执行。从财务总监的书面解释来看，A公司的大股东直接凌驾于内部控制制度之上，干预公司的日常经营活动，大股东的行为奠定了组织的内部控制基调。而公司的财务总监，为了维护投资人的利益，敢于挑战权威，最终换来了大股东对后续工作的规范承诺。

2. 风险评估：分析A公司在展开新业务时面临的风险。

A公司2021年决定恢复畜牧及屠宰业务，这本身就面临着决策风险、市场变化风险、商品价格风险、流动性风险、操作风险和舞弊风险等。

先从战略来讲。由于受客观因素影响，本年作任何决策投入任何市场的不确定性都比较大，以往的经验在新环境下可能产生不一样的结果。公司在做决策前，需要充分评估目前进入该领域的可行性，将其作为一个全新的事业来进行评价。完成市场调研和可行性分析后，再确定方向。

再从市场和流动性来讲。A公司2021年5月决定恢复畜牧及屠宰业务，5月开始集中大量收购活牛，短时间内，收购活牛金额达1亿元，这势必让活牛的市场价格上涨，公司的利润空间被压缩。另外，短时间内拿出1亿元的现金进行收购，也会给公司的资金流造成一定的压力。

再从操作风险来考虑。大股东公司多名员工每人使用备用金200万元循环报销收购活牛。当前很多农产品或者农户无法提供强有力的证据证明活牛的价格，如果没有设计出合理合规的内部控制机制，容易给采购留下漏洞，而其中是否有舞弊的可能性值得商榷。这也是财务总监担心财务报告不公允的原因之一。

确定A公司的风险偏好。从上述资料可知，A公司是一个风险接受度比较高的公司，愿意为自己的决策承担较大的风险。另外，从采购活牛时的凭证不规范情况可以看出来，A公司对内部控制的监督制约机制不够，这是否与公司较高的风险容忍度相关不得而知。同时，A公司中也有像财务总监这样的管理层存在。财务总监的风险容忍度明显低于其他管理层，当其发现不齐全的凭证影响资产的确认从而影响财务报告的公允性时，其会选择举手，不签署财务报告。

3. 控制活动：根据风险和可接受风险水平不同制定相应的控制机制。

A公司管理层的风险可接受程度较高，决定由员工先支取备用金进行采购，采购凭据采取后补的形式予以验证。这种控制机制，属于检查性控制，属于事后的消极控制，这样的操作下，公司采购活牛的效率会提升。

如果公司的风险可接受水平低，那么通常可以采取多重控制机制。比如双人随机搭配进行采购活动并且定期更换搭档，这样能降低串通舞弊的风险；员工与农户谈判完成后签订合同，由公司直接打款到农户的账户上，这样也可以降低没有拿到凭证而不能确认采购价格的风险，同时能在一定程度上降低舞弊的可能性（员工无法直接接触资金）。但这样的操作会降低采购效率，员工需要谈好合同条款，将其发回总部审核，没有问题后再进行签订并付款流程。

这里需要强调的是，所有的控制都是有代价的，这个代价可能是增加成本，也可能是降低效率，如何在可接受风险水平和控制的效益之间找一个平衡点，是每个公司需要思考的问题。

4. 信息与沟通。

公司的信息应该是透明的、流通的，以协助公司进行更好的内部控制。据前述资料可知，财务总监的审批权和财务管理权被限制了，这对内部控制产生了不利的影响。所以财务总监才没有在财务报告上签字。

5. 监控活动。

公司的内部控制需要定期回顾和监控。当财务总监发现公司的监控职能不能有效地起作用时，其利用不在财务报告上签字，将公司内部的问题公布，促使公司的财务监控和独立运作机制回到正轨。当然，并不是鼓励所有的公司都这样做，在公司出现问题时，还是需要有相关的监控和监督机制将内部控制的缺陷暴露，并将内部控制的运转拉回正轨上。

1.2　降本增效的价值型内部控制——全面风险管理

1.2.1　风险的分类

随着现代企业的发展，企业对风险的认识也越来越清晰和系统化。

根据风险的来源不同，可以将风险分为外部风险和内部风险。

1. 外部风险

外部风险是由经济环境决定的，每个企业都是市场经济环境中的一员，都会受到外部风险的影响。主要的外部风险有以下方面。

（1）市场风险：包括商品价格波动的不利影响带来的风险、股票价格的不利变动带来的风险、国际汇率波动给经济主体带来的损失风险、利率变化给特定主体带来的损失风险。

（2）信用风险：交易对手未能履行合同支付义务而产生的风险。

（3）市场流动性风险：整个市场环境的紧缩使得企业不能获得足够的资金来保证正常的运营而产生的风险。

2. 内部风险

企业内部大到战略决策层面，小到操作执行层面的各方面都会引发风险。内部风险主要由企业的内部环境造成。内部风险主要有以下几种。

（1）战略风险：包括企业的发展方向、业务判断、远景规划等重大决策产生的风险，计划与资源分配、预算的风险，企业的控制环境和社会责任所带来的风险，企业与媒体关系、对危机沟通等方面产生的声誉风险。

（2）企业流动性风险：企业日常经营中预期内及预期外的现金流需求满足情况而产生的风险。

（3）合规风险：包括企业因为没有遵循相关法律法规而引发的法律风险，企业通过非常手段、不道德手段取得利益的舞弊风险。

（4）操作风险：操作风险又可分为人员风险、内部程序风险和信息技术风险。

① 人员风险：包括人员素质与工作岗位不匹配而产生的人力资源风险、过度依赖关键人员而产生的风险、内部人员的偷盗和欺诈行为引起的风险、员工错误操作而产生的风险、员工故意不履行企业赋予职责而产生的风险。

② 内部程序风险：包括流程设计不合理而导致的风险；项目管理、资源匹配不恰当而导致的风险；财务制度未被遵循而产生错报漏报的风险；客户服务不能满足客户需求而产生的风险等。

③ 信息技术风险：包括软、硬件配置不足或表现不佳而产生的风险；环境灾难、人为灾难和自然灾害产生的风险。

1.2.2　提升价值的企业风险管理

随着经营环境的不断变化，企业竞争越来越激烈，企业的内部控制从纯粹的控制风险发展到保护和提升企业价值的层面。风险管理融入了战略思维中。

2004年COSO颁布了《企业风险管理整体框架》，2017年又对该框架进行了修订。

1. 风险管理的理念及优势

风险管理产生的前提是：企业的目的是创造价值，而创造价值的过程中存在着不确定性。风险不再像之前那样仅被认为是不利的、负面的、需要被控制的因素，它存在威胁的同时也提供了机会。

企业的管理者，需要利用控制、规范和监督等手段，来提升企业在不断变化的经营环境下管理风险的能力，这是一个动态的、不断调整的过程。

好的风险管理能够协助企业建立竞争优势、优化风险管理的成本、改善经营绩效。

（1）建立竞争优势：将风险管理和经营规划、战略制定相结合；改善影响整个企业的风险管理；改善资源的调配。

（2）优化风险管理的成本：协调风险承受能力与战略的关系，确保两者匹配；评估成本与效益原则，制定适合企业的风险决策；用精益的思路优化经营成本。

（3）改善经营绩效：建立系统化风险评估流程；减少意外事件和经营损失；预测绩效目标中不确定因素，改善运营效果。

2. 风险管理与内部控制框架的联系

风险管理和内部控制框架的联系与区别如图1-4所示。

风险管理八要素	内部控制五要素
内部环境	控制环境
目标设定	控制环境
事件识别	风险评估
风险评估	风险评估
风险应对	控制活动
控制活动	控制活动
信息与沟通	信息与沟通
监控	监控活动

图1-4　风险管理和内部控制框架的联系与区别

（1）风险管理中的内部环境对控制环境进行了拓展，更多强调董事会和管理层对风险管理的作用。

（2）风险管理将内部控制中的风险评估细化成了风险管理的整个过程——目标设定、事件识别、风险评估和风险应对。

（3）风险管理在信息与沟通要素中要求企业更关注现在和未来可能影响目标实现的各种事项的影响。

从总的内容上分析，风险管理的控制活动和内部控制的控制活动基本一致。

3. 风险应对

企业选择风险应对方案时，需要根据可能性及影响，结合自己的风险偏好，选择最能体现成本效益原则的方案。风险应对的方法通常有：规避、降低、转移和接受。以图1-5所示的应收账款回收问题作为例子，阐述相关的风险应对。

		影响	
		低	高
可能性	高	降低风险：大量赊销金额小的客户时不时会有回款问题，为了降低此方面的风险，公司特别指派了财务部的小王对客户的小金额赊销进行事先审核，只有通过了审核，信誉好的客户才可以进行赊账。这在一定程度上降低了坏账的可能性	规避风险：已知道采购金额重大的某客户出现了资金问题，后果比较严重，可能面临破产。下一批货物公司决定不再赊销给该客户，规避了应收账款无法回收的风险
	低	接受风险：对于发生金额小、交易次数少的客户应收款，由于风险不大，暂时不采取任何措施进行管理	转移风险：第一次跟海外一家信誉还不错的公司合作，由于合作金额重大，虽然不能收回货款的风险低，但出于谨慎，公司还是决定将该应收款卖给银行，做福费廷业务。这样，风险就转嫁给了银行

图1-5　风险应对方法

1.2.3　内部控制、内部审计、合规管理及与外部审计的关系

在大企业的许多岗位中，不乏跟内部控制相关的岗位，比如内部控制、内部审计以及合规管理等。这些岗位的侧重点是什么呢？它们与外部审计的关系又是什么呢？下面就来介绍一下。

1. 内部控制

内部控制隶属管理层条线，一般向财务部或者总经理汇报，这个岗位存在的意义在于，发现企业内部控制流程中的问题和漏洞并协助改善。侧重点是改

善企业内部的控制。比如你在公司里违章停车，内部控制就相当于公司的保安，会发现你的车停在了不该停的位置上，他会引导你把车开走，同时还会指引你应该停在哪里。

2. 内部审计

内部审计向董事会汇报，这个岗位独立于管理层而存在，相当于董事会设置的监督企业管理层的岗位。这个岗位从公允评判的角度来评价企业的内部控制管理是否有效，这个岗位的侧重点是评价。举例：内部审计相当于交警，当你没有将车子停在适当的位置上时，他会给你开罚单，但不会指引你应该停在哪里。

3. 合规管理

合规管理更偏重与法律相关的工作，隶属法务部，负责比如反垄断、反贿赂、公司的道德热线（ethics Line）等工作。这个岗位与"法"打交道多于与企业内部的流程控制打交道。这个岗位的工作往往涉及更严肃的"是非问题"，而不是企业内部的管理。

以上三个岗位都是设立在企业内部的，而外部审计是企业聘请的，审核企业财务报表是否公允地反映了企业经营状况和财务状况等的独立的第三方机构。外部审计为了节约自己的成本，提高工作效率，有时需要借用内部控制、内部审计或合规管理的工作成果。

图 1-6 反映了内部控制相关岗位的关系。

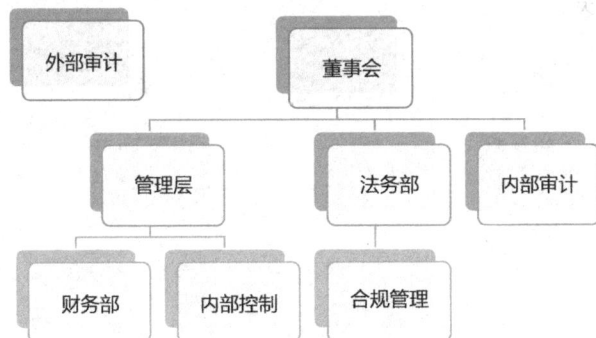

图 1-6 内部控制相关岗位的关系

🔍案例1-5 不同国家的内部控制文化差异

在工作实践中，不仅各个岗位工作的重点不同，不同国家同一岗位对内部审计和内部控制的理念也不同。我就经历过一次对同一事件，两个国家的内部审计师给出完全不同结论的情况。

有一年，公司被集团抽中了进行内部审计，美国和中国的公司都在审计范围内。美国的会计准则要求研发费用进行费用化，美国内部审计师对美国公司的研发费用没有出具任何意见。但到了中国公司，当日本内部审计师看到一个机器停在工厂里，要求从实物追溯回账里时就出现了问题，原来这是美国公司做的研发机器，这台机器还没有达到可以运行的状态，而美国公司把这台原型机运到了中国公司进行展览，后来也没有拉回去。对中国公司来说，这台机器不是中国公司的资产，而且机器完全不具备可运行能力，若按照美国公司当时花费的研发费用来入账，势必要涉及提减值准备，出于此考量，中国公司也就没有把这台机器纳入自己的账务中管理。但日本的内部审计师认为，公司里面有资产，却没有在账簿上进行管理，这是不能忍受的内部控制问题，因此给中国公司出具了改进意见。

从上述资料来看，美国的内部审计师更注重的是公司的账务处理是否符合美国的会计准则，即是否将研发费用费用化。而日本的内部审计师更注重的是资产的保管和管理。两国的内部审计师思考问题的侧重点不同，自然会产生不同的审计意见。

在进行内部控制的设计时，我们要同时考虑每个国家的文化和思维方式对内部控制设计产生的影响。只有设计出适合本国国情的内部控制，才能满足相关利益方的需求。

第 2 章

如何搭建合规增效
的内部控制框架

了解了内部控制的相关理论，接下来的一步就是要按照相关理论搭建自己的内部控制框架。只有按照一定的框架和章法建立适用企业的内部控制结构，才能向这个框架中填入实质性的规章制度及管理控制点，从而让企业的内部控制系统丰满起来。

本章介绍了三种不同的内部控制框架和搭建的方法，从业务的层次划分，到相关的风险点分析，控制点的确立最后到执行并形成规则制度，都进行了详细的阐述。

有价值的内部控制少不了将降低成本、提升效率融入业务框架中，这将在 2.3.4 小节中介绍。

2.1 四大会计师事务所看内部控制框架

四大会计师事务所进行内部控制测试和评价的目的，是确认企业的控制活动是否有效地减少和控制了财务报表错报的风险。这个内部控制测试和评价是为财务报表的准确性和公允性服务的。四大会计师事务所在进行审计之初，都会进行内部控制测试，如果内部控制被证明是有效和可信的，在做实质性测试进行数据验证的时候，就可以减少实质性测试的工作量。

2.1.1 企业业务流程分类

基于减少财务报表错报风险的目的，会计师事务所进行的流程的分类及测试是与能够形成财务"数据"相关的环节保持一致的，而那些非直接相关的，如研发的可行性研究、客户关系的管理、企业战略规划等则不在这些流程的分类及测试中。

与财务报表直接相关的内部控制流程一般分为以下几个方面。

（1）现金和银行：企业所有的支出和收入最终都会反映到现金和银行中，做好企业现金及银行的管理和相关的内部控制，能够在资金方面很好地把控风险。

（2）销售循环：企业赖以生存的最重要的环节之一就是销售，确保从接订单开始一直到销售回款，形成完整的销售闭环是企业内部控制的不可或缺的部分。

（3）采购循环：把控企业的成本，能够及时、经济地采购企业所需要的原材料是采购环节所需要解决的问题。

（4）存货循环：如何从原材料变成产成品，如何管理产成品，这是企业增值环节必不可少的一部分。

（5）工资循环：企业如何招聘合适的人并支付相应的工资，这关系着企业除材料支出外的较大部分的费用成本，也是管理中不可或缺的一部分。

（6）固定资产循环：从固定资产的购买到固定资产的折旧，最后到报废，都会形成影响会计数据的交易，因此，审计师也会对这部分的循环特别关注。

（7）关账循环：企业每月都会进行财务的关账，这个过程也会影响财务结果，关账流程也是审计师需要了解的不可或缺的环节。

2.1.2　业务描述及流程图的绘制方法

会计师事务所在审计一家企业的时候，首先要针对各个环节进行业务流程的了解，通常会和负责这些业务流程的人员进行访谈，访谈的内容会以业务描述的形式保留下来，对相关的关键节点，还会进行流程图的绘制。

1. 业务描述

在做业务描述的过程中，需要交代清楚背景。在描述过程中，一定要写清楚什么部门的什么岗位人员在什么样的情况下做这件事情，如何去做。即交代清楚 Who、What、When、How。另外，还需要对过程进行全面了解并描述，使用 MECE 法则[1]，做到完整。

以一家公司支付月结货款为例做一个业务描述，供读者参考。

案例 2-1

A 公司规定每月月底进行当月到期的货款支付，财务部应付会计在每月 30 日（2 月为最后一天），从系统中导出应付账款到期报表，对该报表进行检查，包括：与上月和本年平均付款相比是否有较大的波动；是否有特殊情况需要对供应商进行止付，这些指令是否已经体现在了该报表当中。

对以上两点核对无误后应付会计进行付款安排，有些供应商接受一定比例的银行承兑汇票，应付会计根据公司持有承兑汇票的情况进行匹配，保证在接受比例内最大限度地将银行承兑汇票支付给供应商。

应付会计核对无误后，将相关安排打印出来签字确认，并将其提交给财务经理进行审核，财务经理根据账期、银行承兑汇票的支付比例进行核实，无误后在付款安排上签字。

财务经理将签字后的应付账款支付安排传递给出纳，出纳根据相应的安排在网银中进行应付账款的支付申请、银行承兑汇票的背书申请，完成后请网银

1　MECE 法则：M、E、C、E 分别是 Mutually、Exclusive、Collectively、Exhaustive 的大写首字母，中文意思是"相互独立，完全穷尽"。运用 MECE 法则对事物进行逻辑分类能够做到不重叠、不遗漏。

复核人财务主管和财务经理进行审批，审批通过后，付款流程完毕。

以上例子将谁做什么事情、在什么时间点完成、工作的重点是什么都描述清楚了。每个企业各自的流程不同，对业务的描述需要结合企业的实际情况，将完整的流程展现在相关人员面前，做到完整不疏漏。

2. 流程图的绘制方法

在了解流程后就可以根据企业的具体业务流程绘制流程图，图 2-1 列举了几种常用的流程图符号。

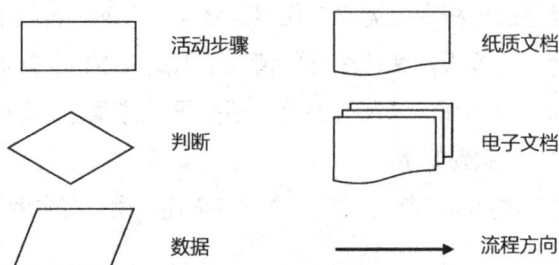

图 2-1 常用的流程图符号

以案例 2-1 为例，将相关的描述用流程图的形式画出来，如图 2-2 所示。

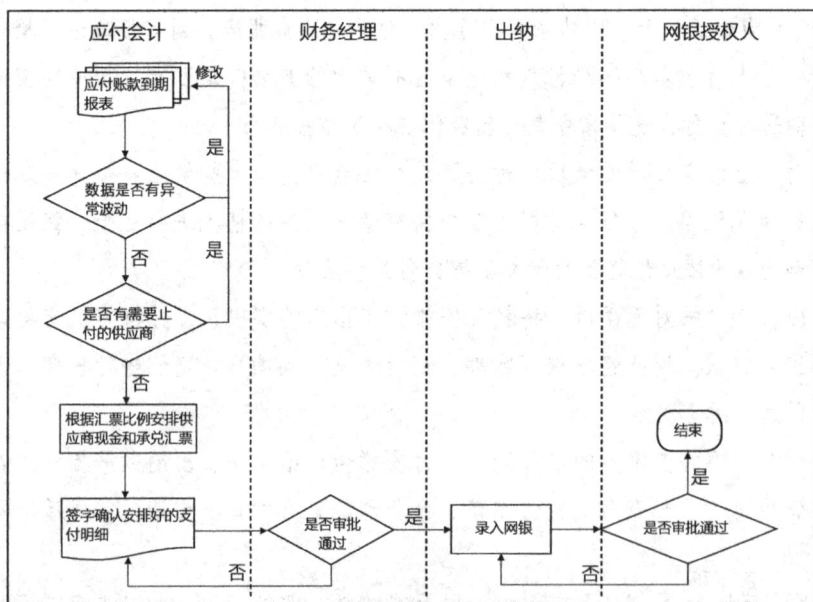

图 2-2 供应商到期款项支付流程图

流程图能比较直观和清晰地将各个阶段的各个步骤表达清楚，能够让人厘清思路，将每个节点和环节上所需要做的事情，所需要控制的点都清晰地表达出来。通过流程图，每个人也清楚自己在什么节点应做什么事情，便于理解和执行。

2.1.3　风险点及相应控制的识别与管理

四大会计师事务所在建立风险点及其相应控制的时候，会有几个相应的要素，理解清楚这几个要素的联系对理解风险点和相应的控制有帮助，这些要素分别如下。

1. 什么可能出错（What Could Go Wrong）

风险点是在了解了企业内部的整个操作环节后对整个流程的思考，哪些点可能会出错，这就是寻找风险点。只有找到准确的风险点，企业才能进行下一步的内部控制设计。

风险点是对所有可能会发生的场景进行的预判，管理层觉得重要且影响重大的风险点会被选择并进行风险控制。

2. 报表认定（Assertion）

报表认定要点如下。

（1）完整性：所有的事项都应该被记录。

（2）存在性：记录的事项都真实且已经发生。

（3）准确性：记录的金额必须是准确的。

（4）披露的充分性：所有应该披露的信息都已经被披露。

（5）权利和义务：披露的事项的权利和义务都和企业相关。

3. 设计控制（Control Design）及控制类型（Control Type）

针对不同的需要被控制的风险点，需要设计出有效的控制点，对风险进行控制。比如说想要规避"银钱被偷走"，设计出来的控制应该是"将银钱存入钱庄"。被设计出的控制必须是针对风险点的且有效的。如果设计出来的控制总是将银钱埋在地里，并在边上立一个"此地无银三百两"的字牌，那显然这个控制点就是无效的。

根据效果，控制主要可分为以下几类。

（1）预防性控制（Preventive Control）：将控制前置的一种手段，在事情还没有发生时就采取相应的措施，以避免或者控制错误发生的一种更正性活动。比如将网银的制单和审核分别让两人担任，就对网银的支付差错做出了预防性控制。

（2）检查性控制（Detective Control）：将控制后置的一种手段，在事情已经发生后，进行的相应的弥补性控制。比如亡羊补牢故事中的主人在羊走失后去查找原因，发现羊圈破了再去修理羊圈，能够防止后续更多的损失，这就是一种检查性控制。

（3）应用控制（Application Control）：使用系统程序来进行的一种控制，一旦生成，只要系统程序不变，就会一直有效。比如，在报销系统里面建立的"超过一定标准的住宿费不允许报销"就是一种应用控制，当员工填入超过某个标准的住宿费时，系统无法保存并提示住宿费超标。

（4）依赖 IT 的人工控制（IT Dependent Manual Control）：企业使用系统进行记账和管理，很多数据和报表都从系统中来，人为去使用和检查这些数据所构建的控制。

2.1.4　风险分析与控制识别矩阵在采购循环中的应用

图 2-3 列举了风险分析与控制识别矩阵（Matrix）在采购循环中的应用。

什么可能出错	认定	已收货未开票数据将被审核	未关闭订单将被审核，异常项目将被调查	所有的折扣将被审核并被相关有权人批准	应付账款账龄表将与总账核对	费用将与部门预算对比	借项通知单是系统自动生成的且需要与收货、发票、应付账款核对	借项通知单需要被审批	非贸易支出需要被审核	超过一定金额的支出需要额外的审批	“三单”匹配的异常项每天都要被检查	财务报表和科目余额表都需要被审核	货物或服务被收到时会立即被录入系统中，并且默认日期即为当前日期	应用程序中定义的层次结构自动控制采购审批流程	管理层将财务报表披露与基础数据进行核对	新供应商的建立将被控制人员审查	遵循程序以确保在装运日期所有权转移，并对在途货物进行监控	付款建议清单在付款之前被审核和批准	对采购协议进行分析，以确定所有权转移时间点	采购订单审批人需要核实金额和订单后予以审批	采购价格和数量误差在系统中被指定，以减少不准确的收货、发票输入和付款风险
如何确保采购被记录在正确的期间	完整性												A				IT		P		
如何保证所有的采购 / 应付都被记录	完整性	D	IT		IT	IT							A				IT		P		
如何确保所有的收货都已生成收货记录	完整性										IT		A								
如何确保应付款分类账 / 采购日记账正确过账到总账	完整性				IT																
如何确保应付款分类账 / 采购日记账正确	完整性				IT																
如何确保在满足所有条件之前不记录回扣或不记录错误	完整性 存在性			IT																	
如何确保发票反映正确的价格、数量、日期	完整性 存在性										IT							P			A
如何确保只为真实交易生成借项通知单	存在性						IT	P													
如何确保不记录虚构或重复的采购	存在性				IT	IT								A		P				IT	
如何确保购买的服务根据政策被批准	存在性								IT	A								P		IT	
如何确保财务报表披露的累计金额正确	披露的充分性											IT			IT						
如何确保记录的购买有适当的文件证明和 / 或在分配资产权利之前得到适当授权	权利和义务																IT		P	IT	

图 2-3　采购风险矩阵示意图

（1）表格的左侧是识别出的与采购循环相关的风险，以及风险针对的是哪个报表认定。

（2）表格的上半部分是针对风险所设计出的控制，有些控制可以覆盖多个风险点，比如"货物或服务被收到时会立即被录入系统中，并且默认日期即为当前日期"就可以覆盖三个风险点：如何确保采购被记录在正确的期间；如何保证所有的采购/应付都被记录；如何确保所有的收货都已生成收货记录。

（3）表格中间表明对该风险点有效的控制类型，即预防性控制（P）、检查性控制（D）、应用控制（A）及依赖系统数据的人工控制（IT）。

了解了四大会计师事务所风险控制的一些情况和操作后，我们来分析一个影响比较深远的案例——RX咖啡造假案。

🔍 案例 2-2

曾经创造了中概股上市最快纪录（从成立到上市仅用了17个月）的公司——RX咖啡，又刷新了最快退市纪录（2019年5月上市，2020年4月退市），RX咖啡造假给中概股造成了一定的影响。

让我们来回顾一下RX咖啡从上市到退市整个事件的原委，2019年5月上市的RX咖啡还处于亏损状态，但是在2019年第三季度的财报中却显示门店运营层面产生了首次盈利，这就引起了以做空中概股著称的浑水公司的注意，浑水公司动用了92名全职人员和1 418名兼职人员对RX咖啡部分门店进行监视，得出了RX咖啡2019年第三季度虚增销量69%，第四季度虚增销量88%的结论。这一结论导致RX咖啡的股票大跌，而时任RX咖啡审计的四大会计师事务所之一的安永会计师事务所在当年爆雷之前，声称其反舞弊调查小组已经介入了RX咖啡的财务调查中。

首先让我们来分析一下RX咖啡为何会遭到浑水公司的怀疑，其次分析RX咖啡的造假手段，最后我们看审计师如何利用相关知识通过审计的手段来发现这些问题和舞弊。

发现问题

RX咖啡造假的危险信号（Red Flag）：俗话说苍蝇不叮无缝的蛋，正因为RX有着"不寻常"的表现，才引起了浑水公司的注意从而做空它。那我们来看看RX咖啡的哪些表现引人怀疑。

（1）控制环境。RX 咖啡的股东背景并没有给公司好的内部控制的土壤，公司的治理文化及战略设定过于激进。以陆某为首的"神州车"系管理层，曾经让神州车系的股价在不断减持中节节下跌。RX 咖啡的股票也被管理层通过股票质押套现了 49%。同时，RX 咖啡的独立董事邵某还是多家可疑的美股上市公司的独立董事，这也引起了浑水公司的注意并且还将这点披露在了报告上。

（2）风险评估。数据不符合常理。从 2019 年第二季度开始，量价齐升。由于 RX 咖啡的客户群体属于价格高度敏感群体，RX 咖啡的单店日均销量和销售单价都呈现增值趋势，在没有特殊事件发生的情况下，这种现象值得探究。

（3）商业环境。实际上中国的咖啡市场与欧美相比依然较小。

调查结果

RX 咖啡的造假手段：RX 咖啡以虚增收入和成本，体外现金流循环的方式，制造了一个完美的闭环进行造假。

（1）虚增销量。浑水公司的报告中披露，RX 咖啡取餐号存在跳号的现象，那些在门店未被看到的号码，有可能是后台批量伪造的订单，从而达成伪造销量的目的。

（2）虚增单价。根据浑水公司所调查到的样本，RX 咖啡被怀疑虚增了每件商品的净单价，通过提高价格来虚增销售收入。浑水公司声称实际售价为标价的 46%，而 RX 咖啡披露为 55%。

（3）虚增采购。俗话说巧妇难为无米之炊，如果销售收入增加而成本不增加，无法令人信服，为了完美制造整个造假流程，采购成本也被虚增了，RX 咖啡需要有"采购"和"发货"，以及款项的支付来把这个"圈"给圆了。

（4）虚增广告费用。卖出去的咖啡一定要收回钱来，那虚构的销售收入如何实现呢？2019 年第三季度广告费用超 150% 这点可以提供一个信号，设想 RX 咖啡可能找了广告商合作，把钱以广告费用的名义给广告商，让广告商通过某种方式将钱退回，RX 咖啡再将这些资金作为销售收入，闭环运转回公司。完美的闭环就形成了。这也是浑水公司在它的报告中提及的。

多一份思考

审计和内部控制手段如何协助我们发现舞弊？大数据的分析以及如浑水公司一般的抽样调查能够协助我们发现舞弊。

（1）大数据分析。随着科技的进步，以前很多无法完成的事情现在都可以通过大数据分析完成。对于 RX 咖啡虚增销量的情况，我们可以去匹配客户的手机号和第三方支付平台所支付的款项，去确认销售收入的真实性。对于大量的同一个 IP 购买的、交易频次高、交易时间集中、支付时间集中的订单可以保持适当的怀疑并去检查其合理性。

（2）检查与核实物流信息。采用整体现金流循环并形成闭环的造假有一个特点，就是很多采购的物流信息是假的，由于虚构的货物采购是没有送货的，或者送货的数量远远小于账面上的采购数量，因此需要重点关注物流信息是否与存货的进销存相匹配。从物流信息入手很容易发现其中的问题。

（3）走访门店。浑水公司其实就使用了此种方式，它重点关注了门店的订单量，以客户的收据确认客单价，用样本推算的方法，得出了 RX 咖啡虚增收入的数量和比例。

（4）回款的真实性。通过将第三方支付平台的收款数据与资金回款账户金额相核对，发现 RX 咖啡很多体外循环回来的资金金额较大，较少资金直接来源于第三方平台，或者这些资金并不如正常客户的消费一般从第三方支付平台收取，还可能呈现单笔金额大或多笔小额资金集中在一个时间段回款的异常现象，从而被对比出来。

审计是一门技术，也是一门艺术，需要审计师怀着合理的职业怀疑态度去看问题，思索对错。数字智能的发展会给财务和内部控制带来更多的风险和挑战。审计师只有在这样的环境下，有目标地提升自己，才能适应不断变化的环境。

2.2　SOX 法案中的内部控制框架

SOX 法案到底是什么？简单地说，SOX 法案就是美国政府对上市公司财务报告制度的监管。

2.2.1　SOX 法案中公司层面的内部控制

1. SOX 法案产生的背景

2001 年 12 月，安然公司连年造假终于由于现金流的断裂，以宣布破产画上了句号。当时世界最大的会计师事务所——安达信会计师事务所在长达 16 年内，一直为安然公司提供审计服务，后期甚至帮助安然公司造假，掩盖事实，做了让投资人失望至极的事，也让会计师事务所的公信力下降。美国国会为了挽回低迷的股市和投资人的信心，在 2002 年 7 月出台了《2002 年公众公司会计改革和投资者保护法案》。该法案由美国众议院金融服务委员会主席奥克斯利和参议院银行委员会主席萨班斯联合提出，又被称作《2002 年萨班斯 - 奥克斯利法案》[Sarbanes-Oxley Act（2002），简称 SOX 法案]。SOX 法案是对上市公司影响最广泛的法律之一。之后很多国家的内部控制制度和规范都深受 SOX 法案的影响。

2. SOX 法案中影响深远的几条条款

（1）SOX302 条款：公司的首席执行官和首席财务官要每年在定期报告中保证报告的真实性，保证报告不存在重大错报，对内部控制负责，确保向审计委员会披露了内部控制重大缺陷和欺诈（如有）的情况，这些会形成书面文件并签字确认。签了字的负责人都要对自己所签内容的真实性负责，这也对舞弊形成了一种自我监督的机制。

（2）SOX404 条款：管理层对内部控制的评价，会计师事务所要对内部控制进行评价和测试并出具评价报告。

一般 SOX 内部控制测试一年会做三轮，年中一轮，第三季度结束一轮，然后年度结束再一轮。总的来说，就是管理层要设计出适合自己公司的内部控制，以防止财务报告有重大的错报。

下面我就来介绍一下 SOX 法案中公司层面的内部控制。

公司层面的 SOX 内部控制主要会从内部控制环境、风险的评估与应对、控制活动、信息沟通与传递、监督及 IT 环境管理出发进行一个全方位的评估。

（1）内部控制环境：主要关注组织的环境，组织内所有人员对内部控制的关注和意识，包括以下方面。

① 经营者对财务报告可信度的重视程度，是否对财务报告的基本方针进行了指引。

② 公司根据经营理念设计出的内部控制制度如果发生了偏离，是否采取了纠正措施。

③ 公司会计政策的选择、会计估计的计算是否保持了客观和公允。

案例 2-3　两日利润减少 3.89 亿元，会计估计变更如此草率

2011 年鞍钢股份在两天之内发布了 2 份会计估计变更公告。9 月 27 日将固定资产的估计可使用年限进行变更，其中占资产总金额 96% 以上的房屋建筑物和机器设备的可使用年限都延长了，房屋从 20 年变为 30 年，机器设备从 10 年变为 15 年，该估计变更从 7 月 1 日开始执行，折旧变少了，利润自然就增加了，这一项会计估计变更就能让公司的利润增加 7.77 亿元。

9 月 29 日，不知是否是鞍钢股份的管理层觉得利润增加得太多了，于是又出了一份公告，说前面一份公告需要更正，变更为从 10 月 1 日开始执行，这样，利润增加额从原来的 7.77 亿元变为现在的 3.88 亿元，两天之内利润减少 3.89 亿元。

如此草率的会计估计变更引来了业内人士等群体的吐槽，纷纷称上市公司如此草率地粉饰报表，实在让人难以接受。

公司的管理层如果不是站在公允和客观的角度上对会计政策和会计估计进行判断和选择，而是为了利用会计政策和会计估计粉饰报表，会让投资者失去对公司的信任，也会影响公司的公信力。

④ 董事会和监事会是否对会计报告进行了有效的监督。

⑤ 管理者是否对公司内部的各种职能进行了恰当的分离。

⑥ 财务人员是否有适当的能力完成对财务报告的支持，财务资源的匹配是否足够。

⑦ 管理者是否对员工进行了适当的培训以确保其具备履行相关业务的能力。

（2）风险的评估与应对：评估影响公司完成战略和目标的相关风险因素，并进行分析和评价，制定出应对相应风险的措施。

① 以反映公司真实的财务状况为目的，是否让相关的管理者参与了风险评估的过程。

② 评估风险时，是否将公司所面临的内外部因素对财务报告的影响考虑在内。

③ 当环境发生变化时，是否重新评估风险并进行恰当的应对。

（3）控制活动：为了确保相关的风险被控制在合理的范围内所执行的一系列的流程和活动。

① 为确保财务报告的可靠性，相关的会计制度和准则需要被明确制定。

② 财务部和其他部门都必须明确相关的岗位职责和职责分离，以确保控制活动被执行。

③ 控制活动是否被实施，在实施过程中出现的差错是否被纠正和改善。

（4）信息沟通与传递：确保与控制相关的人员能够掌握与其相关的、必要的信息以开展工作。

① 建立相关的制度，确保与财务报表制作相关的人员能得到适当的指示和信息（如财务部传递相关的结账信息、相关部门向财务部提供未取得发票的费用明细）。

② 确保财务的相关信息通过适当的流程传递到了信息系统中，以确保最后生成的财务数据准确。

③ 相关的信息是否传递到了董事会、监事会和管理层，是否设有独立的信息渠道（如内部举报）等。

（5）监督：对公司的内部控制有效发挥的情况进行评价的过程。

① 日常的监督活动是否已经融入公司中。

② 管理层是否根据风险的危害性，有针对性地对控制进行监督，确认监督的范围和频率，是否有专业的人作为监督负责人。

③ 管理层是否关注了监督评价的结果，是否对过程中发现的问题采取了纠正措施。

（6）IT 环境管理：对比 COSO 框架，公司层面的 SOX 内部控制多了一个 IT 环境管理，主要检查 IT 系统是否对完成组织的目标起到了支持的作用。

① 公司是否根据环境和战略需要制定了与之相匹配的 IT 计划。

② 管理层是否了解 IT 环境，并在此基础上制定相关的政策流程；IT 系统是否能够支持财务报告的可靠制作。

以上 6 点就是公司层面的 SOX 内部控制，是在 COSO 框架上加上 IT 环境管理构造的。

2.2.2　SOX 法案中业务层面的内部控制

业务层面的内部控制，往往也是从流程的角度来进行的。一般业务层面的 SOX 内部控制主要分为以下几个流程：财务报表关账流程（Record to

Report）、采购到付款（Purchase to Pay）流程、订单到收款（Order to Cash）流程、计划到生产（Plan to Production）流程、招聘到退休（Recruit to Retire）流程。这些流程涵盖了公司大部分运营环节，从流程的角度对风险和内部控制进行了梳理。

1. 财务报表关账流程（Record to Report）

现代大部分使用企业资源计划（Enterprise Resource Planning ERP）系统的公司，与常规业务相关的凭证多数是由系统自己完成的，只要系统管理员在后台配置好相关的会计科目，业务端的人员进行业务操作，凭证就能自动生成了。

一般的 ERP 系统都会有以下几个模块：应收模块、应付模块、成本模块、固定资产模块、总账模块。财务人员在结账时，确认单据的正确性，与总账核对。而总账模块的业务操作大部分是需要进行手工处理的，包括计提和摊销等，财务人员需要主动地去发现是否存在未记录的负债，即确认完整性（Completeness），也要确认所有记录在账务上的凭证是否真实存在（Existence）。

通常对财务报表关账流程会进行以下内部控制，以确保财务报告的真实有效性。

（1）系统的权限控制。系统的访问人员被赋予了合适的权限，并且系统访问权限要半年或一年进行一次审核和更新。手工会计凭证的录入者与审核该笔凭证的人不应该是同一人，通常应该由录入者的上级，或者具备相应的知识或能力的人来判断录入凭证的正确性。

（2）审批会计科目的变更。当有会计科目需要变更时，应当由适合的领导审批，以确认会计科目变更的适当性和一致性。

（3）科目余额核对。对于有子模块的科目（应收账款、应付账款、存货、固定资产等），都应该执行总账模块和子模块的核对。在一些并不是很完善的系统中，比如子模块和总账模块不一致的，需要对全流程了解和梳理，才能发现问题从而顺利关账。

案例 2-4　财务数据是系统蝴蝶效应的最终反映和承担者

背景

公司的应收会计在结账时发现当月总账的科目与应收账款子账的科目数据核对不上,通过对每一个客户的余额进行核对,发现 A 客户的余额存在差异。应收会计再对 A 客户当月发生的销售订单进行追查,发现这个月 A 客户获得了一个特殊的折扣,由于销售部门新来的同事从来没有接触过折扣事宜,也没有向相关的同事请教,自己随便选了一个折扣类型,这最后导致结账出现差异。

改善措施

针对这样的情况,财务部门采取了预防性的控制措施,将相关折扣的操作做成手册,分发给销售部门的同事,并告知他们如果有新同事入职,财务部门可以提供培训。经过这样的内部控制流程设计,应收账款账务出现错误的情况大大减少了。

拥有全局和前瞻性的思维,可以让公司流程更顺畅,内部控制更规范。财务部门的同事看似花费了大量的时间去做折扣操作手册并提供培训,但实际上这样的操作会为以后的工作提供更好的保证,应收会计不用每个月结账的时候加班找差异,销售部门的同事也不用因为差错频繁修改单据,达到了双赢的效果。这既是一种业财融合的思维方式,也达到了减少加班费,减少更正错误所付出的时间成本的目的,是降本增效的另一种形式体现。

(4)编制月末结账检查清单。每个公司结账时都会按特定的步骤操作,根据公司结账时都会进行的事项整理一份月末结账检查清单(Month End Closing Check List)。每月结账时,利用此清单对财务关账工作检查,会起到很好的帮助和提醒作用。完成后,制单人和审核人都在月末结账检查清单上签字,这份资料会作为 SOX 内部控制被执行的一个证据被保留,在进行 SOX 测试时,将其提供给测试人以证明该控制点被执行。

表 2-1 所示为月末结账检查清单。公司可以根据自己的实际情况设计适合自己的月末结账检查清单,以助力财务部高效地完成工作。

表 2-1 月末结账检查清单示例

类型	项目	具体情况描述	检查频率	制单		审核		备注
				制单人姓名	制单日期	审核人姓名	审核日期	
计提类								
A1	工资		每月					根据 HR 发的工资汇总表计提
		HR 提供工资汇总表电子版	D-2					
		HR 提供工资汇总表签字版	D-2					
		工资凭证录入（预提和实际支付）	D-1					
A2	差旅费		每月					
		将订票公司提供的订票清单按部门分类计提	D-2					
A3	水电费		每月					根据设施部抄表数计提
		计提本月水电费	D-2					
		收到水电费发票时按实际做账冲回上月计提的水电费	D-2					
A4	运费		每月					
		根据物料部统计当月实际发生未报销的费用	D-0					
		按月冲回实际已报销的预提费用	D-0					
A5	计提利息		每月					
		依据贷款合同计提	D-1					
A6	计提税费等		每月					
		根据当月销售额、采购额、免抵税额报税表格计提增值税	D-2					
		根据公司利润计提所得税	D-2					
A7	计提坏账准备		每月					
		根据应收账款账龄分析表计提	D-1					
		根据数据计提	D-1					
A8	计提跌价准备		季度					
		根据公司跌价准备政策计提	D-2					
		计提跌价准备	D-2					
A9	计提汇兑损益		每月					
		子账对账后提供数据	D-2					
		根据数据计提						

类型	项目	具体情况描述	检查频率	制单		审核		备注
				制单人姓名	制单日期	审核人姓名	审核日期	
摊销类								
B1	摊销费用（保险、房租等）		每月					
		根据实际费用金额进行摊销	D-2					
其他								
C1	除总账凭证外的审核过账		每月					
		月末检查系统凭证是否全部过账完毕	D-2					
C2	汇率维护		每月					
		总部提供最新汇率表	D-2					
		根据汇率表进行系统汇率维护	D-2					
C3	调汇		每月					
		所有有关外币的凭证录入完毕之后进行调汇	D-2					
C4	关闭财务期间		每月					
		报表已核对无误，关闭财务期间	D-3					

注：D-0 是指结账开始往后的第 0 天完成，以此类推。

2. 采购到付款（Purchase to Pay）流程

采购是企业现金流转的起点，SOX 测试偏重报表是否能反映企业真实情况，根据重要性原则，SOX 测试的种类通常分为关键性控制（Key Control）和非关键性控制（Non-Key Control）。与报表关联度大、影响大的控制，会被认定为关键性控制进行测试。

（1）所有的采购订单需要由适当的人员审批。这里面包含两层意思：第一，所有的采购订单需要被审批；第二，订单需要由合适的人员审批。

🔍**案例 2-5**　**拆分订单以规避审批**

公司的内部审计部门在进行采购流程审核时，发现相近的时间段内有对同一个产品下的两笔订单，怀疑订单被人为地拆分了，一个本应该提交给采购总监审批的订单，被拆分成了两个，这样只需要由采购经理审批就可以了。内部审计部门找到相关采购人员，采购人员告知，因为最近采购总监出差了，审批订单的时间经常不定，为了能够保证订单能及时地下达给供应商，他们拆分了该采购订单。

在了解了情况后，内部审计部门对采购流程控制缺陷提出了意见，如果有特殊情况，采购总监可以将自己的审批权限短时间内授权给其他人，但不能使用拆分订单来规避审批，否则就违反了该内部控制点的初衷，使内部控制变得无效。

（2）非订单的发票需要由适当的人员审批：企业中，并不是发生的每一笔费用都会下订单，比如员工公差的住宿费、餐费；行政部门临时采购的一些零星物品等。对于这些发票，也需要有适当层级的人员进行审批。

（3）"三单"匹配：通常情况下，为了确认发票的存在性和准确性，需要对采购订单、入库单、发票进行匹配，采购订单上的单价和发票上的单价进行匹配，采购订单上的数量和入库单、发票上的数量进行匹配。只有匹配相同的款项才能正式被视为企业准确的负债，从而记入应付账款表，等待到期支付。

（4）付款授权：当应付账款到期后，应该由适当的审批人进行审核确认无误后方能支付。

3. 订单到收款（Order to Cash）流程

订单到收款是企业现金流形成闭环的重要环节，也关系到企业的生存。根据以往美国证监会（SEC）的经验，上市公司为了维持其盈利，在销售环节往往会有更多的造假，因此对此环节的有效控制是防止财务报表造假的重点。

销售流程中涉及的节点较多，具体情况会在第 4 章中详述，这里仅介绍SOX 的一些关键控制点。

（1）对超过信用期的应收账款审核。应收账款超过信用期没有收回，需要引起管理层的重视，超期应收账款无法收回，可能是一个财务造假的信号，需要引起重视。对超期应收账款进行调查，将相应的报告定期分享给管理层，可以作为一个关键控制点。

（2）对调价报告进行审核。价格对一个企业是至关重要的，它直接关系到企业的盈利水平，一些低价的促销不仅使企业赚不到钱还有可能亏损，因此对价格的任何调整都应该经过严格的授权，这样才能保证价格策略能跟企业的战略保持一致。管理层要定期查看调整价格报告，防止有未经授权的价格修改。

（3）销售截止性测试。企业必须严格按照会计结账日期关账，在此日期之后销售的产品销售收入不能作为该会计期间的销售收入。曾经有几家上市公司就利用晚关闭账期，将下期的销售收入确认到本期进行利润的调节。内部控制需要确认在关账之后的销售的产品的销售收入都不能确认为当期的收入，如果有系统可以在系统中进行设置，如果没有系统，则需要人为检查发运单。

（4）红字发票和调整需要经过适当的审批。由于红字发票金额是销售收入的抵减项，它会减少企业的销售收入，因此所有的红字发票都需要经过适当的审批。

（5）坏账的计提和审批。为了公允地反映应收账款，对于一些长账龄和回收性小的应收账款需要进行定期的审核并准确计提坏账，以保证应收账款能够真实反映企业可回收的资产，从而确保财务报告的准确性。

4. 计划到生产（Plan to Production）流程

企业产生价值的地方就在于将原材料转化为产成品，在此过程中产生了经济附加值，创造了效益。计划到生产涉及的流程节点会在第 5 章提及。下面介绍 SOX 法案的一些关键性控制。

（1）对存货成本的差异进行审核。存货的计价对报表反映存货的准确性有着重要的作用。如果使用标准成本法的企业，每月需要对标准成本和实际成本之间的差异进行分析并形成报告；如果使用实际成本法的企业，则需要对本月与上月同一个产品的成本波动超过一定比例或金额的情况进行分析并汇报以确保计价的准确性。

（2）存货盘点。月度循环盘点和年度盘点对确认存货的存在性、完整性是非常有用的控制，因此，SOX 法案的关键控制不会少了存货盘点这一项。

（3）存货跌价准备审核。企业需要定期对存货的呆滞和计价进行检查，并且根据检查的结果调整相应的跌价准备。

5. 招聘到退休（Recruit to Retire）流程

人力资源是企业中非常重要的无形资产。从财务报表层面来说，人力成本是企业费用重要的组成部分，它的计量正确与否也直接关系到报表的公允性。

人力资源涉及的流程节点在第七章中会进行详细的介绍，这里仅介绍SOX法案的一些关键控制点。

（1）员工考勤审核：考勤结果与确定薪资费用有着直接的关系，需要每月对考勤进行审核以确定薪资费用的准确性。

（2）工资表的审核：工资表的审核是确认薪资费用直接的控制。

（3）员工异动表的审核：员工的信息变更往往会带来薪资的变化，这部分信息也会影响薪资费用，因此需要有相应的控制以确保准确性。

（4）假期费用的计提：未使用的假期在员工离职时通常会折算成相应的费用支付，需要计提相应的假期费用。

2.3 融入降本增效的企业内部控制制度搭建

相较于外部审计的内部控制测试偏重财务报表错报层面的SOX测试，企业内部控制制度的搭建更偏重企业的管理。如何控制风险，使企业在内部控制制度的协助下，健康、稳定地运营和实现增长；如何提高效率，将有限的资源投入到更有价值的地方；如何通过有效的内部控制识别出浪费，降低成本。这都是企业内部控制制度搭建所要解决的问题。同时，好的内部控制制度可以让人在第一时间把事情做对，也是高效运营企业的一种有效手段。下面来介绍企业内部控制制度搭建的一些关键根基。

图2-4介绍了企业内部控制制度搭建的整体框架，在确定了两个基础——授权审批权限和职责分离方式后，搭建出的制度流程才能够更好地为内部控制服务，构架出的内部控制也才更有效。

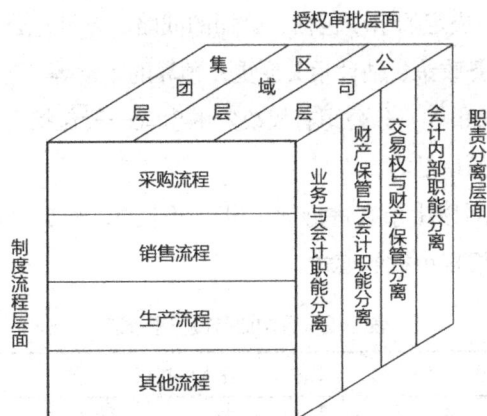

图 2-4　企业内部控制制度搭建的整体框架

2.3.1　内部控制的"基石"——授权制度

授权是现代管理理念中的一个重要的概念。当企业的经营规模越来越大，企业主无法关注所有的事件、作所有的决策时，就产生了授权。而企业的所有流程制度，都应该建立在授权制度之上，谁在哪个范围之内，能干什么工作、作哪些决策，都是由授权决定的。

1. 授权

授权一般需要确定以下内容：授权额度、授权对象及授权结果的监督。

（1）授权的额度。在多大范围内，被授权人可以进行管理和决策。比如部门经理能决定 1 万元以下的费用审批，总经理能决定 10 万元以下的费用审批。超过上限就必须上升到更高的层面。

（2）被授权的对象。比如采购订单的审批权一般是授给采购主管或采购经理的；销售折扣的审批权一般是授给客户经理和销售总监的。总的原则是，授权给了解情况并能作出最佳判断的人。

（3）授权结果的监督。需要定期对授权的结果进行监督，以保证工作朝着期望的结果进行。

2. 集团公司授权审批会面临的事宜

下面介绍一般集团公司授权审批会面临哪些具体事宜。

（1）集团层面决定的事项包括：公司的战略、方针；公司的利润分配；公司的并购事宜；财务政策、估计相关变更；预算的审批等。

（2）区域总部和子、分公司有权决定的事宜一般包括：采购、销售、固定资产投资、人力资源审批等。

授权审批表是对以上事宜进行细化设计出来的，表2-2所示为采购业务授权审批表，展示了授权审批的模式。

表2-2 采购业务授权审批表

采购性质	亚太区授权			公司授权		
公司采购部制定商定的价格 批准级别是合同（产品供应协议、一揽子采购协议、一揽子订单、公用事业合同等）下的预计年度支出	区域总裁	区域首席财务官	区域首席运营官	总经理	财务经理	运营经理
1. 直接材料和间接材料项目的采购订单或请购单（定价与公司采购部协商的价格一致）	1M[1]	500K[2]	500K	200K	100K	100K
2. 直接材料项目的采购订单或请购单（定价、条款或数量与公司采购部协商的价格、条款或数量不同）	1M	500K	500K	200K	100K	100K
3. 间接材料项目的采购订单或请购单（定价、条款或数量与公司采购部协商的定价、条款和数量不同，或与当地协商的协议不同）	500K	200K	200K	100K	50K	50K
4. 间接运营服务的采购订单或请购单（定价、条款或数量与当地协商的协议或公司采购部协商的协议不同）	500K	200K	200K	100K	50K	50K
5. 公用设施的采购订单、请购单或发票（定价、条款或数量与公司采购协商的价格、条款或金额不同，或与当地协商的协议不同）	500K	200K	200K	100K	50K	50K
6. 任何非库存、非资本货物或服务的采购订单、请购单或发票	500K	200K	200K	100K	50K	50K

---

1 M: 百万，百万的单词为Million，所以使用M来指代百万。

2 K: 千，外企比较习惯在千分位的数字后加"K"来代表有多少千，500K即50万。

比如需要签署一个供应商的年度采购合同，这个合同预计的年采购量为 50 万元，那根据授权审批表第 1 项，需要一直审批到亚太区域的区域首席财务官和区域首席运营官，就是说，先完成公司授权，即运营经理、财务经理、总经理授权，然后再上升到亚太区域的区域首席财务官和区域首席运营官。被赋予最小权力的人先审批，一直到权力最大的人审批。

编制授权审批表，最好将财务和业务两个条线的人都放在其中。财务人员从内部控制及预算的角度来进行审批；业务人员会从业务的合理性、必要性进行判断审批。

3. 授权签字表（Authorized Signature List）

除了授权审批表之外，企业还应该有另外一张表，即授权签字表（Authorized Signature List，ASL）。授权签字表更多地反映谁被授权代表企业对外签订合同和协议，而授权审批表更多指完成企业内部的审批流程，所以这两者是有对外事务和对内事务区别的。

授权签字表（ASL），一般由企业的法人出具正式的授权函：使授权签字表能生效并发挥作用，需要法定代表人出具正式的授权函，根据授权签字表的安排进行授权。通常的授权函会将相关业务职能的签字权授予该领域的最高领导人，如采购总监。

案例 2-6 同样的"萝卜章"，不一样的结果

案件一。2020 年 6 月老干妈公司名下价值约 1 624 万元的财产被腾讯公司请求查封、冻结。原来腾讯公司与老干妈公司签订一份市场推广合作协议，腾讯公司已依约履行相关义务，但老干妈公司未按照协议约定付款。老干妈公司发表声明称，公司从未与腾讯公司进行过任何商业合作。后经警方调查，三名伪造老干妈公司印章与腾讯公司签订协议的犯罪嫌疑人被抓获。老干妈公司被冻结的资产最终解冻，三名犯罪嫌疑人被判刑并赔偿腾讯公司 431 万元。

案件二。2016 年 12 月国海证券代持案发生，国海证券初步调查发现资产管理分公司原副总经理张某及员工郭某伪造公章以国海证券公司的名义签订协议。协议的交易金额高达 165 亿元。该事件涉及金额巨大、波及面广，给债券市场造成严重不良影响。2017 年 1 月国海证券发布公告称，与涉事机构达成统一处

置方案，将承担债券面值 167.8 亿元的损失。

为什么老干妈公司并未因为"萝卜章"而承担相应的责任，而国海证券要承担相应的损失呢？这主要看伪造的"萝卜章"是否构成了表见代理。

案件一中，三名犯罪嫌疑人并未在老干妈公司担任相关的职务，腾讯公司在决定授权给老干妈公司 1 000 万元以上的信用额度时，也存在着内部管理的漏洞，甚至犯罪嫌疑人在贵阳租赁了一个场所伪造成老干妈公司的办公场地时，腾讯公司的考察人员也未质疑为何办公场所与注册地址不一致。以上种种都表明，这三名犯罪嫌疑人没有构成表见代理，老干妈公司最终也没有承担相应的责任。

在案件二中，涉事人员本身就是国海证券资产管理分公司的原副总经理及员工，这样的身份本身就让善意第三方相信其有代理权，因此在交易过程中，国海证券被代理的行为是有效的，因此最终国海证券承担了所有的损失。

2.3.2 内部控制的"筋骨"——职责分离

职责分离是指遵循不相容职责相分离的原则，实现合理的组织分工。一方面，如果相关联的职责集中在一个人的身上，就会增加发生差错和自我复核的风险，还有可能增加舞弊的风险。为了规避这些风险，实现合理的内部控制，企业需要进行职责的设计，确保不相容岗位不由同一人担任。一般的职责分离有以下类型。

（1）业务与会计职责的分离，如编制销售订单的和最后记录销售收入的不能是同一个人，否则会有篡改销售收入的风险。

（2）财产保管与会计职责相分离，如仓库入库和进行库存保管的与记录存货账务的不能是同一个人，否则仓库亏空可能以修改账务掩盖。

（3）交易权与财产保管权相分离，如编制采购订单的人不能进行仓库的收货，否则可能通过调整收货数据来掩盖采购订单的虚增。

（4）会计内部职能分离，如操作银行网银的人与月末编制银行余额调节表的人不能是同一人，否则会有舞弊的风险。

职责分离需要遵循重要性原则。我曾经拿到过一份四大会计师事务所中的某会计师事务所给企业做的不相容岗位对照表，里面大概列了五百多个不相容岗位，除非企业是一个相当庞大的机构，能够有足够多的员工将所有的岗位都区分开来，一般的企业是没有办法完全遵循的。所以，针对不相容岗位，应该将关键的不相容岗位识别出来，"守住"这些关键性的节点，能在很大程度上解决企业内部控制的问题。

在确定哪些是关键不相容岗位时，除了采用专业内部控制人员的意见外，还可以和所涉及的部门进行讨论决策。往往部门对自己的岗位职责有更深刻的理解，让他们参与进来也能够在今后的工作中更好地贯彻和执行相关的内部控制内容，让他们更有责任感和使命感。

①会计职能中不相容的岗位一般有：会计凭证的录入、会计凭证的审核、会计科目的设置、会计凭证的过账、会计期间的开启和关闭等。

②银行现金职能中不相容的岗位一般有：银行账户的开立和注销、银行账号的维护、付款、现金的保管、付款凭证的记录、银行余额调节表的编制等。

③采购循环中不相容的岗位一般有：供应商主数据的维护、采购需求的录入、采购订单的录入、采购订单的审批、收货入库、采购发票的录入、采购发票的审批、付款的审批、采购退货等。

④销售循环中不相容的岗位一般有：价目表的录入、价目表的审批、客户主数据的录入（包含客户信用条款）、销售订单的录入、销售发货、销售开票、销售回款、销售退货等。

⑤生产循环中不相容的岗位一般有：标准成本的设置、物料清单（Bill of Material，BOM）的设置、存货发货、完工入库、存货的盘点等。

2.3.3 内部控制的"肌肉"——流程和制度

在有了授权和分工以后，企业就可以根据各个业务环节制定自己的流程和制度了。

1. 业务流程（Procedure）

业务流程一般是指为了达到特定的目标，由企业各个部门的人共同完成一系列的活动，按照事先约定的顺序、步骤，完成相应的内容，产出一定工作成果的过程。

一般企业的业务流程有以下几部分：目的、适用范围、定义、职责、相关的流程阐述、涉及的表单、引用的其他制度（如有）、流程的解释权归属部门等。部分流程为了更清晰，还会添加流程图。

下面以一个供应商主数据变更流程举例，对上述要素进行具体的阐述。

供应商主数据变更流程

1. 目的

公司为规范供应商主数据变更及审批流程，明确各部门在供应商主数据变更中的责任，特制定此实施细则。

2. 适用范围

适用于 ×× 集团所有供应商主数据变更。

3. 定义

供应商主数据：维护在 SAP 系统中的针对供应商的所有信息。

4. 职责

寻购部门：根据供应商的变化提出变更的需求，提交供应商主数据维护申请表及相关变更所需资料，审核变更的真实性。 ------- 明确每个部门的职责，在此处体现了内部控制的"筋骨"——职责分离。

法务部门：对供应商名称进行审核，判断名称更改的法律性质。

......

5. 变更审批流程

5.1 供应商名称变更

寻购部门在接收到供应商提出的名称变更时填写供应商主数据变 ------- 体现了内部控制点，以控制供应商名称变更的风险。更申请表，并提供以下文件：（1）加盖对方公章的名称变更说明函；（2）市场监督管理局出具的企业名称变更核准通知书。

......

付款条款变更：如付款条款变更产生不利影响则需要得到财务部审批，变更所涉及的供应商年采购金额超过 100 万元（根据上年度采购交易额确定）则需得到财务总监的审批，如果超过 500 万元则需得到总经理的审批。

......

事项	金额限制	审批人
付款条款变更产生不利影响	年采购金额小于等于 100 万元	财务经理
	年采购金额为 100 万~500 万元（含）	财务经理财务总监
	年采购金额超过 500 万元	财务经理财务总监总经理

6. 涉及的表单

附件一：供应商主数据变更申请表。

附件二：供应商主数据维护申请单。

7. 引用的其他制度

《供应商开发管理程序》。

本流程解释权归采购部所有

---

2. 制度或政策（Policy）

制度或政策一般指企业为规范管理而制定的一定的管理要求，可以是一个标准（如每个报销项目采用什么标准），也可以是一些具体的要求（比如说出差申请必须在出差前得到部门经理的审批）。每个企业的差旅费报销政策就是很典型的制度类文件。

流程和制度结合组成了企业整体的内部规范和流程体系，从而促进了企业内部控制工作的推进。

2.3.4　将降本增效融入业务框架

企业内部控制的体系一般划分为企业层面的内部控制和业务流程层面的内部控制，其与企业通用层面的一些制度和章程一起构成了企业的整个业务流程框架体系。图 2-5 为业务流程框架图。财务人员可以将降本增效，增加企业价值的环节融入如下的流程中。

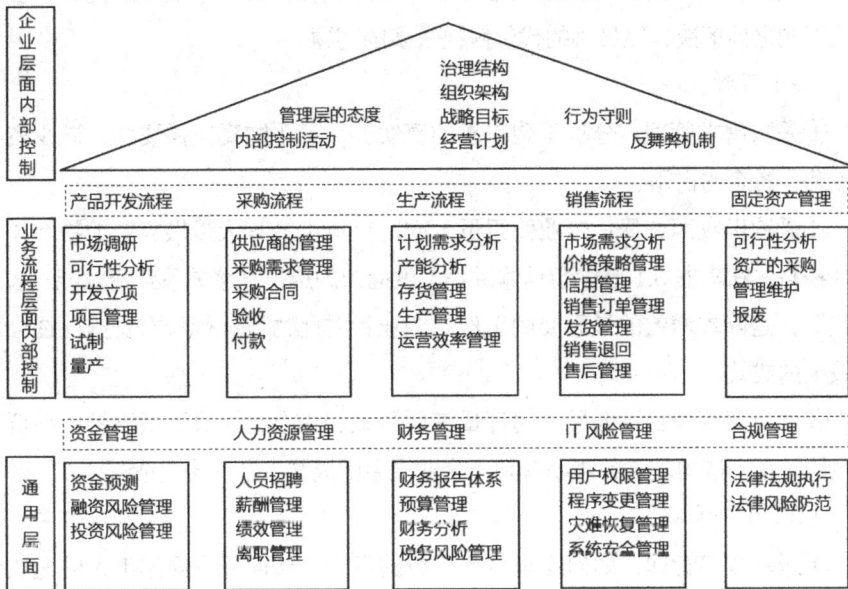

图 2-5　业务流程框架图

1. 企业层面

在寒冬来临前，所有人都要做好过冬的准备。过冬不是一句口号，而是要落实到企业的战略层面和业务层面。2023 年许多互联网大厂为了维持利润，进行了大规模的裁员，这就是战略目标落实到经营计划的一个执行过程。

战略目标明确、战术分解落地。从 2023 年年初开始不少公司制定了降本增效的指标。管理层将降本增效融入战略目标，进而分解到经营计划、部门工作中进行落实。

2. 业务流程层面

在业务流程层面，有几个典型的地方可以进行降本增效。

（1）产品开发流程。

①可行性分析阶段：如何能触达市场的根本，使开发出的产品创造出更多的价值，占有更多的市场或取得更高的利润。

②项目开发阶段：做好相应的项目预算，在预算范围内按照时间节点，更经济地完成相关的开发。开发的过程中，尽量寻找符合质量标准的、更经济的原材料，以达到控制量产产品成本的目的。

③试制：有目的、有规划地进行产品试制。确保试制中发现的问题都在下一次试制之前解决，以最小的代价解决最多的问题。

（2）采购流程。

①采购需求管理：分析采购需求的真实性，只采购真正需要的，减少资源的浪费、资金的占用。

②采购供应商选择：企业使用量大同时市场上又有大量供应商的物料（即杠杆物料，在本书 3.1 节中会具体讲解）供应商的选择直接关系到企业能"省多少钱"，是降本增效的最重要的工作。企业针对此物料进行降本安排往往会取得较大的成效。

③供应商管理：降低最小起订量有助于减少库存，加快资金周转，降低呆滞风险。谈判取得较长的账期有利于企业现金的周转，节约资金成本。

（3）生产流程。

①运营效率管理：如何安排每个工位的衔接，如何减少操作工人的无效动作，如何减少搬运的成本。

②价值工程管理：如何通过工艺的改进、设计的变化、物料的替换、材料用量的优化等一系列的动作降低成本。

③用工的管理：超过一定生产能力而继续生产很可能需要支付加班费，如果支付的加班费高于招聘的新员工的工资费用，这时就要考虑是否新招人员开新的班次。

第 3 章

企业"节流"的关键
——采购环节

作为一个具有外部审计、内部审计、内部控制、合规工作经验的审计人员，我在每一家公司的工作面试环节，都会被问到如何梳理和管控采购流程。可见，采购是每一家企业都会触及的"痛点"，也是内部控制中十分难管理的环节。

同时，采购成本作为企业成本的重要部分，对其进行有效控制对降本增效的作用十分明显。本章中，我们就来看一下采购环节中哪些地方可以省下成本。

3.1　采购的分类及战略性降本的关键

根据不同的需求和维度，采购可以做以下划分。

3.1.1　一般性划分

（1）采购按照管理级别可分为：集团集中采购和公司零散采购。重要的战略性物资由集团集中优势打包谈判价格，并由集团统一管理。非战略性物资由公司寻找当地供应商进行谈判采购。

（2）采购按照签订合同的类型可以分为：标准采购和非标准采购。对于标准采购，签订固定格式的合同。非标准采购通常有定制化的需求，需要签订非标准版合同，法务和管理层会对合同内容进行判断。

（3）采购按照物料的使用效用可分为：通用物料采购和专用物料采购。通用物料为能在多家供应商采购到的具有通用属性的物料，如 A4 纸、文具用品等。专用物料指在产品开发初期就锁定了的相关物料，不具备可替代性，如一个监控摄像头上所采用的芯片在开发前期就固定下来，其他芯片无法替代。

3.1.2　管理战略性划分

采购按照管理战略性的不同可分为：关键性物料采购、瓶颈物料采购、杠杆物料采购和非关键性物料采购。

图 3-1 所示为物料管理四象限，可帮助我们识别出不同类别的物料在企业中的战略地位，对企业采购部门制定相应的采购策略有着重要的作用。

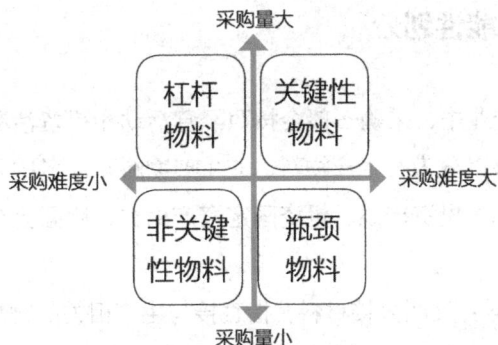

图 3-1　物料管理四象限

（1）关键性物料采购：采购量大，采购难度高的物料。如监控设备中的芯片、相机中镜头的光学成像玻璃等。这些跟公司的研发及核心竞争力相关，需要和供应商建立战略合作关系。

（2）瓶颈物料采购：采购量小，采购难度高的物料。这类物料的管理原则是：减少品类，储备采购渠道。

案例 3-1

某公司内部审计部门在审计原材料库存时发现呆滞物料。经了解，研发部门在开发某个产品时使用了一款特殊的塑料粒子，向厂家订货，最小订货量为 1 吨，而公司每年只消耗 100 千克，按照这个消耗速度，消耗完这些物料要 10 年，然而该批塑料粒子的保质期为 3 年，剩余的 700 千克就变成呆滞物料被浪费。

针对瓶颈物料，公司应建立有效的机制来识别和控制，督促开发部门提高物料通用性，减少瓶颈物料的存在。同时要督促采购部门多储备购买途径和资源，以应对缺料造成的风险。降低最小订货量（Minimum Order Quantity，MOQ），能够减少对资金的占用，使资金更有效地运转起来。

（3）杠杆物料采购：采购量大，采购难度低的物料。这类物料的供应商可替代性很强，公司可以采取招标等模式来取得更物美价廉的物料。杠杆物料是采购部门为公司降本的主要类目。

（4）非关键性物料采购：采购量小，采购难度低的物料。如办公用品、纸张等类型的物料。采购部门花在这类物料上面的精力应该最少。

3.1.3 运营功能性划分

在传统的制造业中，采购一般会按照经营活动和投资活动进行区分。经营活动中的采购又可以分为：生产物料、非生产物料和服务的采购。投资活动中的采购与增加产能、投资产线、投资固定资产相关，后面会在固定资产章节中单独介绍。

（1）生产物料：又叫直接材料，指直接与生产相关的物料，具体描述就是出现在物料清单（Bill of Material，BOM）中的物料。生产物料的采购申请一般不是由人提出的，而是由系统通过销售预测（Sales Forecast）、在手库存（Inventory）、交货时间（Lead Time）、最小订货量运算得出的。

（2）非生产物料：又叫间接材料，指与生产不直接相关的材料。非生产物料采购申请一般由使用人提出。

🔍案例 3-2

生产一个杯子需要一个杯身（简称 A）、一个杯盖（简称 B）和一个包装盒（简称 C），BOM：杯子 =A+B+C。销售员预测下个月可以卖掉 10 个杯子，于是生产部就把生产 10 个杯子作为计划录入系统。系统会做以下动作。

①测需求：经过计算后得知，需要 10 个 A、10 个 B、10 个 C。

②查库存：目前仓库中 A 有 4 个，B 有 11 个，C 一个都没有，于是测算得出 A 要再采购 6 个，B 不用采购，C 需要采购 10 个。

③结合最小订货量（MOQ）确定数量：经确认，供应商的起订量是 10 个，所以要将 A 调整成 10 个，于是建议 A 采购 10 个，C 采购 10 个。

④结合交货时间（Lead Time）确定下单时间：供应商交货的时间是下单后 1 个月，要在 1 个月后进行销售，应该今日下订单（假设生产只需要 1 天）。于是系统会给出一个建议的下单日期：今日。

生产线上操作员会使用抹布，将杯子擦拭干净再装入包装盒内，当抹布脏了或损耗了，生产线上的领班会填申请单请求采购抹布。

从上面例子可以看出，生产物料（直接材料）A、B、C 的采购建议由系统运算后自动产生。

　　生产线使用的抹布是非生产物料（间接材料），它不会出现在 BOM 中，它的采购申请是由人根据对需求的判断（抹布不够了）提出的。

　　（3）服务：由于服务看不见摸不着，一般仓库不能核对其订单数量、品名等。公司要设计一个验收的机制，只有在申请部门验收合格并提供服务验收单后，才能进行后续的采购工作。

3.2　追求经济效益的供应商管理

　　供应商管理是企业供应链管理的根基，好的供应商管理不仅能兼顾内部控制的要点，也可以让企业用最经济的方式采购到所需要的物资，从而达到成本与质量平衡的最经济模式。

　　内部控制的作用是将相关的权力在各个节点进行分配和管控，当流程的建立和执行使一个人在整个环节中发挥的影响变小时，以个人之力去影响采购的可能性就变小了，这时滋生腐败的可能性也会随之降低。

　　不同的企业有着不同的特点，企业在不同的发展阶段也需要不同的供应商管理制度来引导企业，适合企业的供应商管理制度会成为企业供应商管理发展的推手，而不适合企业的供应商管理制度会变成企业前进路上的绊脚石。

3.2.1　供应商准入管理

　　供应商的引入是企业做好供应商管理的第一道门槛，只有在规范的流程指引及多部门配合下，才能确保工作顺利进行。

1. 供应商管理的本质

　　供应商管理的本质就是管理物料，即用最经济实惠的价格及时买到质量符合标准并且能满足生产的物料，这也是采购管理的终极目的。

2. 供应商管理的参与部门

　　供应商管理是一个多部门参与、协同完成的流程。

　　"最经济实惠的价格"：采购部和财务部需要参与，以确保价格最优。

"质量符合标准"：质量部需要参与，如果涉及研发物料，研发部也要参与。

"合格主体"：法务部要参与。

3. 供应商准入的主要流程

在有质量体系认证的企业中，供应商准入程序是这个体系的一环，由质量部门或者采购部门主导。供应商准入的主要流程有资料审核、供应商交样、供应商现场审查。各阶段的要点如下。

（1）资料审核阶段的审查要点。

①供应商的基本情况资料，用以核实供应商的实力和稳定性，保证稳定供货。

②供应商质量认证情况，用以判断供应商产品的质量稳定性。

③供应商拟供应的产品，涉及产品的交期、产能、价格、交付方式等。

④有些大企业还会对供应商提出产品责任险、雇主责任险，以及员工的工作环境等方面的要求来满足企业社会责任需求。

如果以上审核通过，流程继续。

（2）供应商交样：根据样品进行产品认证工作，以确保产品能够符合相关的性能和要求。交样后，样品的相关参数以书面的形式确认，双方签字盖章。交样报告成为企业控制风险，制约供应商的一个关键材料。

🔍案例 3-3　做好供应物料和供应商之间的关联

A供应商供应的物料由于质量问题经常被投诉，集团内部审计部遂对A供应商进行调查。调查发现A供应商是以非生产物料供应商的身份进入公司合格供应商名单的，后续采购部人员王某将几种生产物料的采购默认下单供应商修改为A供应商，而A供应商的这些物料都没有做过交样和验证，因此因存在质量问题而被投诉。后根据内部审计意见，公司将修改物料供应商的权限移交到了质量部，只有提供的物料经质量部验证合格的供应商才能成为合格供应商。

对于一些提供对企业生产运营影响较大的物料，企业希望建立长期合作伙伴关系的供应商，还需要对其进行一次现场审查。

（3）供应商现场审查的要点如下。

①供应商质量管控体系是否完备。

②供应商的来料的质检是否到位。

③生产过程中的质量管控是否能识别出质量问题。现场是否符合 5S 标准[1]。

④出货质量管控是否能有效防止缺陷。

在以上验证完成后，供应商就可以作为一个合格供应商，进入企业的供应商数据库中。

当然，在企业发展的初期，只要供应商能够供应物美价廉的产品满足企业的要求，对供应商的考核就不需要如此复杂。企业可以根据自己的实际情况进行调整。

3.2.2 供应商变更管理

有些企业往往在供应商准入方面做得很好，但是对供应商的变更管理，却放松了警惕。很多问题往往是发生在供应商变更管理过程中的，这方面的内部控制一定不能松懈。

在讲供应商变更管理之前，先提出一个反常识的理论：供应商主数据的维护权限不应该给采购部。在实践中如果由采购部维护主数据，经常会出现未审核而凌驾于控制之上的更改（采购部图方便或出于其他目的），给企业的管理造成不少的问题甚至损失。

供应商的变更管理大致有以下几方面的内容。

1. 供应商名称变更

供应商名称变更一般由采购部在接收到供应商提出变更时提交申请，并提供以下文件：（1）加盖对方公章的名称变更说明函；（2）市场监督管理局出具的企业名称变更核准通知书。采购部审核无误后提交给法务部进行判断。如果企业没有法务部，那就需要在相关官方网站上确认供应商名称变更的真实性。

对供应商名称的变更，一定要警惕，确认名称变更的真伪。曾有公司因相

---

1 5S 标准：5S 代表整理（Seiri）、整顿（Seiton）、清扫（Seiso）、清洁（Seiketsu）和素养（Shitsuke）。5S 标准起源于日本，是指在生产现场对人员、机器、材料、方法等生产要素进行有效管理的一种管理办法。

关的内部控制做得不到位而吃亏。

🔍 案例 3-4　正视公司名称变更

某天，采购部的小王收到了供应商 A 提供的更名通知，供应商 A 由于其经营需要，将名称改为 B，请公司协助修改信息。小王没有多想，就将相关的申请提交给系统管理员。谁知月底就出了一个事故，因采购的密封圈质量不合格而被投诉。调查后发现 B 与 A 根本没有关系，只是 A 不想经营了，将自己的客户介绍给 B，而 B 供应的密封圈根本没有经过验证，因此就出现了之前所说的事故。

公司吸取这个事件的教训，修改了相关供应商名称变更的流程，凡是供应商修改名称的申请需要法务部进行核实后才能执行，从而堵塞了漏洞。

2. 供应商地址变更

供应商地址变更一般分两种情况：第一种情况是注册地址变更而实际经营场地未变更。这种情况下，由采购部提交申请并由部门审批后，就可以进行注册地址更新；第二种情况是生产和经营地址都变更，通常针对这种情况需要进行供应商的重新认证和现场审核，以确保变化后的供应商能够满足企业对供应商的产品质量和存储、产品交期等的要求。

3. 供应商银行账户变更

供应商银行账户是一个非常敏感和容易产生损失的信息。在进行供应商银行账户变更时，除了接收供应商提供的加盖公章的说明函等书面文件，负责该供应商的采购人员还应通过电话主动联系核实供应商银行账户变更的真实性并记录通话时间、接听电话人姓名及电话号码，由采购部总监及财务部审核无误后才能进行变更。

🔍 案例 3-5　正视银行账户信息

某跨国企业一天收到总部合规部发出的通知：凡是供应商要求更改银行账户的，必须打电话给供应商核实，并在申请表上写清楚谁在什么时候跟供应商的什么人通过电话，核实清楚后才能进行修改。原来，现在的黑客技术日新月异，骗子会冒充供应商给企业发邮件要求修改银行账户，如果没有电话核实就直接修改银行账户，那么钱就汇到了骗子的银行账户里，企业就着了道。

4. 付款条款及付款方式变更

应付账款的账期是企业能获得的较廉价的资金，使用无成本。争取更长的周期有利于企业的资金效率提高。付款条件和付款方式如果向有利于企业的情况变动，如从接受现金改为接受银行承兑汇票，延长付款期等，通常只要通知财务并由后者确认，就可以修改了。如果向不利于企业的方向变动，则需要经过公司管理层的确认审批。

5. 税号及税率的变更

（1）税号变更：审核人员应该要保持一定的敏感性，多问多交流，必须了解清楚税号变更的原因，是否对供应商其他方面产生影响，需要进行其他变更的应一并审核。

（2）税率的变更一般有两种情况：第一种情况，由于国家政策的影响进行税率变更，这种情况下不需要额外的申请和审批；第二种情况，由于个别供应商的原因进行税率变更，财务部要对税率变更的合理性以及税率变更对企业成本造成的影响进行综合的考查。

案例 3-6

公司采购一个机器设备，谈判好的含税价格 135.6 万元，包含机器设备的安装费。当时采购部将相关的订单录入系统，机器设备不含税价格 120 万元，进项税 15.6 万元（税率 13%）。过了两天，采购部要求对该机器设备的安装费 22.6 万元（20 万元安装费加 2.6 万元进项税）的适用税率进行调整，从 13% 更改为 3%，这样公司的实际安装成本就变成了 21.94 万元，原来可以抵扣的 2.6 万元税金变成了 0.65 万元。成本增加 1.94 万元，可抵扣税金减少 1.94 万元。

财务部对增加公司成本的变更表达了自己不同的意见并且要求采购部与供应商再次谈判，将公司的总成本维持在 120 万元。经过采购部的沟通，成本维持在原来的水平。采购人员告知财务人员，这个 "神操作" 其实来自供应商听取的一堂 "税收筹划" 课，听说这样操作可以少交税，供应商自己懵懵懂懂的，就照做了，完全没有想到这个税收筹划操作不仅没有真正达到筹划的目的，还动了自己客户的"蛋糕"。自己少交的那部分税转嫁到了客户的头上。

图 3-2 清晰地表明了更改税率后公司成本增加 1.94 万元，其中一块本应该属于公司的"蛋糕"变成了供应商的。

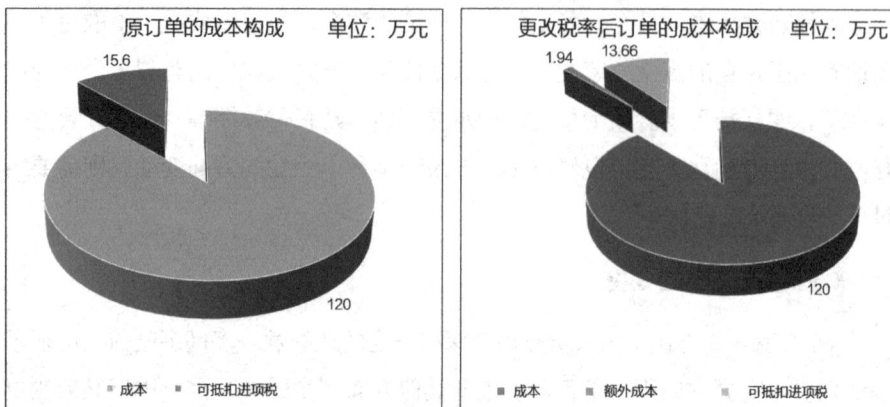

图 3-2　更改税率后成本变更比较图

在做好供应商变更管理的基础上，也要定期对供应商进行审核，以保障供应商能够持续地为企业提供符合要求的产品。

3.2.3　供应商年度评审

采购部很关键的一项工作是对供应商进行管理，每年定期对供应商进行评审可以保证供应商供货的质量、服务、交期。对供应商需要改善的地方提出意见，以确保供应商的改善能助力企业的供应链完善。

一般供应商的评审会从质量、交期、价格、服务这几个方面进行。

1. 质量

供应商如果将自己的人员、设备、物料三个方面管理好，那么提供的产品的质量合规。

2. 交期

供应商送货是否及时，是否根据订单留出足够的产能以进行生产，是否将生产计划下达到合适日期进行生产以保证交期。在生产过程中如发现异常，供应商是否及时进行了返工或加单生产以确保满足交期。

3. 价格

供应商是否提供有竞争力的价格；在市场价格变动的情况下，是否降价或提供年度返利；付款条件是否有优势或有优化（提供更长的账期）。企业在审核下一年度的价格时，应参考相应的市场行情，如大宗原料价格的波动、市场上同类产品的价格变化，以争取更大的价格优惠。

4. 服务

供应商对产品问题是否能够及时地响应并及时处理，处理投诉的态度和能力是否良好，是否能保持良好的沟通。

以上四个维度可以作为对供应商年度评审的参考，企业根据自己的侧重点，进行指标的编排和评分，从而完成对供应商的年度评审，并根据评审结果向供应商提出工作中可以改善的项目。

3.3 采购的"指挥棒"——采购需求管理

采购需求是整个采购的开端，有了需求，才能开始采购。可以说采购需求管理是采购的指挥棒。能否满足生产的需求，能否控制合理的库存，能否使企业的资金发挥最大的效用，都是采购需求管理好坏的体现。

3.3.1 生产物料的采购需求

1. 影响生产物料采购需求的因素

在案例3-2中，我们列举了一个生产物料的采购需求是怎么形成的。在实际的运营中，形成生产物料的采购需求需要考虑的因素并不像例子中那么简单，许多方面的因素都会影响采购需求的形成。在借助系统进行了采购需求的计算后，需要人为地进行判断和审核，进行合理的调整，形成最后的采购需求。

🔎案例3-7 层层加码的物料需求

A公司最近3个月的库存一下子增加了很多，大量的资金积压在存货中。财务部的同事发现这一问题立即进行了调查，发现在进行预测和提交物料需求时，新来的销售部的同事和计划部的同事为了防止物料短缺采取了层层加码的操作，这导致了库存积压。客户对A产品的需求预测为100个，销售部的同事担心如果需求突增没有产品可以卖，因此按照110个提报了销售预测表。计划部的同事为了防止增量导致物料短缺，自己又加了10%，这个需求量就变成了121个〔110×（1+10%）〕，但由于客观因素影响，客户的实际需求大幅度地缩减，最终导致了公司的库存剧增的结果。

从上面的例子可以看出，物料采购需求需要从多维度进行管理，我归纳了以下几个维度，供大家参考。

（1）销售预测。大部分公司的销售预测都是由销售部完成的，销售部的同事有自己的立场，通常他们会以乐观的心态去估计销售，这就有可能使销售预测量比实际的销量更大，如果市场达不到预期，那极有可能造成库存的增加甚至呆滞。在这个过程中，运营部和计划部的同事应该根据历史的经营状况和目前市场的情况，综合进行评估，得出合理的采购需求。

（2）物料的交期。物料的性质不同其交期也不同。有些大型关键部件或者特殊物料的交期可能长达3个月，甚至半年，对于这部分物料，采购时应该充分考虑需求，在满足需求的情况下，尽早合理地进行备货，以防止后续物料供应不足而影响交货。而对于交期较短，下单3~7天就能收到的物料，可以采用准时制生产（Just In Time, JIT）模式或少量备料的形式以减少库存。如果公司是每周进行物料需求测算的，对于这部分物料，可以仅订购一周的量，当需求变化时，公司也能及时调整订单。

（3）最小订货量及阶梯价格。对于一些特殊物料，厂家生产一次的成本往往很大，因此会设置一个比较高的起订量，这样才能保证利润。在这个情况下，需要采购部发挥其作用，尽量寻找不同的厂家，能够从多方渠道（如代理商）取得货源，以降低物料的采购数量和呆滞风险。

另外也可以使用公司的历史数据计算出经济订货批量来科学管理库存，将资金占用成本降至最低。

（4）安全库存。一般公司会对关键性的物料设置安全库存，这个库存设置得是否合理，直接关系到公司存货的水平，安全库存设置得太高，就会导致资金大量被库存占用，如果安全库存设置得太低，又有可能影响生产，需要在确定这个量的时候把握一个平衡点，并且定期对安全库存进行审核修正。

（5）策略性备库。当有突发事件发生时，公司的管理层和采购部应该有敏感性，考虑到该事件是否会影响公司原料的供应，对那些受到影响的及时做排查和策略性备库。

2. 物料需求计划程序

上面介绍了生产物料采购需求的一些影响因素，在实际的生产运营中，制造业公司大多会使用物料需求计划（Material Requirement Planning，MRP）程序来进行物料需求的计算，在实际运营中，MRP 也并不是一个单独的存在，会和其他的信息一起共同构成企业对物料和库存的管理系统。

图 3-3 是物料需求运行逻辑图，供大家参考。

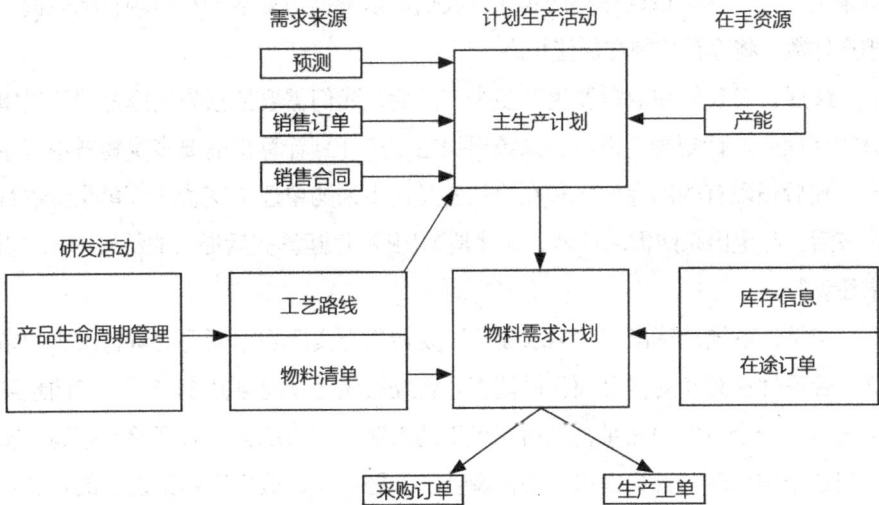

图 3-3　物料需求运行逻辑图

图 3-3 所示的物料需求运行逻辑图主要解决了三个问题：生产什么、生产多少和怎样生产。

首先，生产什么是由外部的需求决定的。签订了合同和下了订单的项目是已经确定了的需求，这两者与销售根据市场进行的部分预测共同决定了生产什么。

其次，解决生产多少的问题。对所有的需求，是否都要进行生产呢？不一定，一方面需根据对市场的判断进行调整，另一方面要看公司的产能是不是能满足所有的生产。

在图 3-3 中，通过研发活动推导出的成果：一个是物料清单，即产品需要用什么原材料来生产；还有一个是工艺路线，这主要是指通过什么样的步骤，什么机器加工，需要花费多少时间才能把产品制造出来。而这个工艺路线往往跟产能相关，能生产多少产品通常是由瓶颈工序的产能决定的。假设生产芯片的瓶颈是光刻机，光刻机一秒能生产 36 个芯片，那一台光刻机一天只能生产约 311 万个芯片，即使其他工序还有更多的产能，公司也只能按照一天约 311 万个芯片的订单量来接单，并且按照这个产能来安排订单。

有时候，销售部门提供的预测往往比较乐观，在真正排单生产的时候，也需要结合历史预测的准确率，将实际销售与预测之间的差异进行比较调整后安排生产。如果以往预测销售 100 件产品，实际只销售了 80 件，如果完全按照预测来进行生产就会造成库存的积压。我们可以根据历史数据和市场行情来调整排产件数，将库存控制在最佳状态。

最后，当我们知道需要生产多少产品后，我们需要把预先安排好的经过审核的合理生产计划导入系统，系统根据主生产计划计算出需要多少物料进行生产，随后跟现有的库存信息和在途物资及已下采购单还未交货的订单余量进行比较后，制定出采购需求计划，这就是 MRP 程序运算完后提供的结果——"需求建议"。

当然，系统计算出的"需求建议"要转化为实际需求还需要进行人工的审核、合理性检查和对异常项目的调查。曾经有销售误将某几个产品一年的预测量填为了一个月的预测量，最后算出来的采购量非常庞大，有经验的采购人员看到这个需求时，就会提出质疑，调查出问题所在，最后以修正过后的真实物料需求为基础转换为采购订单。

3.3.2　非生产物料及服务的采购需求

与生产物料相对应，那些不出现在物料清单（BOM）里面的物料就是非生产物料了。这类物料的特点是，物料的需求不能由系统计算得出，通常需要使用部门提出采购需求。服务的特点也类似。因此，非生产物料及服务的采购量更多依靠人为判断。

1. 职责分工

企业需要对非生产物料的采购制定职责分工，这样有利于将不相容岗位分开，防止舞弊。

🔍 案例 3-8　一人决定的采购

在一家开发电子产品的公司的研发中心，研发人员经常有一些 IT 硬件方面的需求。为了简化流程提高效率，公司规定 1 000 元以上的采购需要由采购部寻找供应商和下单，而 1 000 元以下的，可以由公司 IT 部门的工程师直接进行采买。

当内部审计部门对非生产物料采购进行审核时，发现 IT 部门经常采购 900元左右的硬件，有些硬件的价格甚至是 999 元。这些硬件的采购根据规定均不需要通过采购部进行比价和下单。通过进一步分析和对比当时的采购价格，内部审计部门发现这些硬件比市场上贵 10%~20%。三年间，公司对 IT 硬件的采购额高达 200 万元，保守估计这些采购给公司带来 30 万元左右的额外成本，不排除其中有舞弊拿回扣的可能性。发现这个漏洞后，公司全面梳理非生产物料的采购，彻底排查所有 "一人说了算" 的采购项目，变更职责分工，规定凡是采购必须由两个部门进行比较和下单，杜绝再次出现类似的事件。

表 3-1 列示了一家公司对非生产物料采购需求进行的简单分类和职责归属。每个公司可以参考类似分类和方式将相关职责分配给不同部门，以实现对非生产物料的职责分离和内部控制。

表 3-1　非生产物料职责分配表

序号	种类	类型	采购需求提出部门	供应商筛选部门	系统下单部门[1]	验收部门
1	文具用品	实物	行政部	采购部	计划部（采购员）	行政部
2	生产用低值易耗品	实物	生产部	采购部	计划部（采购员）	生产部

1　通常筛选供应商和下采购订单如果由同一人担任会大大增加舞弊的可能性，因此很多公司会将两个职责分配在两个部门中进行，如果无法实现，也要由两个不同的人完成。

序号	种类	类型	采购需求提出部门	供应商筛选部门	系统下单部门	验收部门
3	劳保用品	实物	各部门	采购部	计划部（采购员）	各部门
4	办公 IT 设备	实物	IT 部门	IT 部门 / 采购部	计划部（采购员）	IT 部门
5	工装治具	实物	生产部、研发部	采购部	计划部（采购员）	生产部、研发部
6	研发物料	实物	研发部	研发部 / 采购部	计划部（采购员）	研发部
7	办公软件	服务	IT 部门	IT 部门 / 采购部	计划部（采购员）	IT 部门
8	测试费用	服务	质量部、研发部	采购部	计划部（采购员）	质量部、研发部
9	法务咨询	服务	法务部	采购部 / 法务部	法务部	法务部
10	财务咨询	服务	财务部	采购部 / 财务部	财务部	财务部
11	人力服务	服务	人力资源部	采购部 / 人力资源部	人力资源部	人力资源部
12	第三方 IT 服务	服务	IT 部门	IT 部门 / 采购部	计划部（采购员）	需求部门及 IT 部门
13	机器维修保养	服务	设施部	采购部	计划部（采购员）	设施及设施使用部门
14	委外加工	服务	计划部	采购部	计划部（采购员）	计划部
15	厂房维修、装修	服务	行政部	采购部	计划部（采购员）	行政部
16	公司级体系认证	服务	采购部 / 质量部	质量部 / 采购部	质量部	质量部
17	消防设施	服务	环境安全部门（EHS[1]）	EHS/ 采购部	计划部（采购员）	环境安全部门（EHS）
18	保安服务	服务	环境安全部门（EHS）	EHS/ 采购部	计划部（采购员）	环境安全部门（EHS）
19	清洁服务	服务	行政部	行政部 / 采购部	计划部（采购员）	行政部
20	危废处理服务	服务	环境安全部门（EHS）	EHS/ 采购部	计划部（采购员）	环境安全部门（EHS）
21	汽车保养	服务	仓库、行政部	行政部 / 采购部	计划部（采购员）	仓库、行政部
22	保险	服务	行政部 / 财务部	财务部 / 管理层	财务部	财务部
23	运费	服务	行政部、物流部	采购部	行政部、物流部	行政部、物流部

2. 采购数量的合理性

由于非生产物料的采购数量是人为判断的，因此会存在采购数量合理性的

---

1 EHS: E、H、S 分别是 Environment、Health、Safety 的大写首字母，表示环境安全、职业健康和安全管理，通常外企会使用 EHS 来称呼环境安全部门。

问题。采购多了，必然会增加库存，占用资金；采购的少了，又会影响正常的运营。如何确定合理的采购数量？我归纳了以下几种方法。

（1）与产量相关的非生产物料可以参考历史消耗与生产数量比，根据今年的产量的变化，进行同比例的调整。比如生产 1 000 万元的产品会花费 1 万元的非生产物料，今年预测生产 1 100 万元的产品，那非生产物料的采购量预计在 1.1 万元。如果需要进行费用的节约也可以将费用标准制定得更低一点，比如 1.05 万元。

（2）与特定事件相关的非生产物料按照特定事件发生的频次进行数量把控。如对机器进行维修保养的备品备件的采购与机器维修保养的次数相关，将相应的维修保养计划与采购联系，就能按照合理的数量进行采购。

（3）具有相对固定的采购数量的非生产物料，比如办公文具等，除非企业发生特别事件如搬迁等，其采购数量一般不会出现特别大的波动，可以按照每月相对固定的采购数量进行申请及审核合理性。

3. 服务需求的确认

服务需求一般分为固定需求、非固定需求两类。

（1）固定需求。如保安、保洁、保险、特种设备的年检和维护等属于固定需求，一般这些服务属于固定支出，只要每年确定好供应商，按照合同执行就可以了。

（2）非固定需求。一般是由某个事件触发的，比如企业为了申请某个项目而特别需要进行一次专项审计或者财务咨询，这时往往要判断需求的合理性。

4. 紧急需求

企业会因为各种原因产生紧急需求，常见的有：机器设备突然坏了，需要马上维修否则会影响生产；之前需求预测不准、质量问题导致物料的短缺等。在这种情况下，不可能因为需求还没有被审批就不行动，否则会延误生产造成损失，因此，企业必须有相关的流程对紧急需求进行管理。

（1）制定并严格规范紧急需求的范围，超出此范围的不合理需求，一律不予以审批，否则所有的采购管理都变成了"例外管理"。

（2）对紧急需求进行事后分析，找出能够预防和改善的应对措施，减少紧急需求的发生。比如：分析发现某个机器的某个零件比较容易坏，那后续就多采购几个该零件以备用；某种物料的损耗高，那在确定需求时就多放一些"余量"（同时需要找出损耗高的原因以便改善）。

3.4 助力降本的采购订单及采购合同

如果说采购需求解决的是为什么买（Why）、买什么（What）、买多少（How many）的问题，那采购订单和采购合同解决的就是从谁那里买（Who），以多少价格买（How much），什么时间点送货（When）。如何确定供应商，在采购订单中有哪些需要注意的条款，采购合同的风险是什么，本节将一一进行说明。

3.4.1 供应商的选择方式

供应商的选择与采购物料的分类有很大的关系，有些供应商在产品开发阶段与企业达成战略合作，有些物料有着充分竞争的市场，企业可以货比三家找到一个心仪的供应商。具体的选择供应商的方式归纳如下。

1. 战略合作

由于企业在产品开发阶段就已经使用供应商的产品进行开发和测试了，因此该产品在后期量产时，该供应商通常会成为企业长期的、稳定的供应商。为了达成合作，这些供应商在前期开发的时候就会协助企业一起进行项目的研究。例如，一些头部的安防产品企业在前期开发产品时，芯片公司会派专人协助开发。量产后，供应商和企业的关系就会牢固地绑定在一起，供应商靠企业提高销量，企业靠供应商提供质量稳定和价格合适的货源。

在战略合作的初期，企业应该与供应商达成协议，以稳定的价格取得相应的产品。在销量不确定的情况下，企业还可以与供应商签订返利协议，约定达到一定金额的采购后，可以享受不同标准的返利，使采购的规模化转化为企业降本的有利条件。

2. 货比三家

对于供应稳定、标准化较高、供应商较多的物料，企业一般可以采取货比三家的选择方式确定性价比高并适合企业的供应商。特别是针对杠杆物料，更需要发挥其量大、供应商多的特点，为自身争取更大的利益，为降低成本贡献更多的空间。

在比价过程中，可以考虑的因素有以下方面。

（1）价格：在同等条件下，价格越低性价比越高。

（2）质量：可以从市场上了解相关产品的质量如何，能否满足需求。

（3）交期：交期越短，越能配合企业交货的供应商，对企业提供的便利性越好。

（4）最小订货量：最小订货量越小越有利于满足企业的生产波动需求。

（5）付款条款：付款期越长，使用承兑汇票比例越大，对企业的资金流越有利。

（6）质保及服务：质保期越长，产品发生问题后免费解决所带来的利益越大。

（7）风险及其他因素：需要判断预定的购买是否会有其他方面的风险，如是否具备安装资质等。

案例 3-9　"便宜的"变成了"更贵的"

某公司要在海外建厂，需要购买一辆行车。采购部门的人员按照正常的流程进行了比价，发现从国内采购运输到国外的总成本低于在国外当地采购，因此就在国内的供应商处下了采购行车的订单。等行车建造好运到了国外，在对方国家清关时遇到了麻烦。由于行车是特种设备，必须由持有特殊许可证的公司方能进口，而一般的企业不具备这样的资质。该公司一番折腾后，行车依然无法正常入关。这时货柜堆在港口的储藏费和滞箱费已经远远超过了行车的价值，最后该公司就放弃了该行车，让它滞留在港口，又从国外的供应商处高价购入了一台行车。既花了钱又浪费了时间，真是赔了夫人又折兵。

所以在采购决策中，一定将所有的因素和风险都考虑在内，价格并不是选择供应商的唯一标准。对于没有作过的决策，一定要把流程从头到尾梳理一遍，看是否可行再去执行。

3. 谈判

对于企业一些定制化需求的采购，通常需要与供应商面对面沟通方案，并且请供应商进行可行性研究，典型的就是一些自动化的方案。这时，就要找在相应领域比较专业的供应商，通过充分的交流，将可实现的结果与价格进行综合的考量来确定哪个供应商能够保证结果同时又比较具有性价比。

4. 招标

对于一些大型的项目，通常会以招标的形式进行供应商的选择，以便进行充分的竞争。通常招标工作有以下的关键环节及控制节点。

（1）制定招标相应的方案。

①指定招标小组。

②明确分工。

③制定招标评标的决策机制。

（2）初步筛选供应商。

（3）技术澄清。

企业需要做好招标文件的编制和发放，招标文件对专业的技术指标、需满足的要求、品牌的制定等要有明确的定义。

（4）开标管理。

企业应对开标的时间、地点、标书的提交形式，是否需要缴纳保证金等进行明确的规定。

（5）确定中标及后续管理。

开标并确定中标的供应商后，企业应及时与供应商交流，确定后续合作的细节，衔接好相关的合同签订。

虽然以上的步骤比较简单，但实际在管理招投标过程中，会有各种各样的问题，其中以权力寻租、在招投标中进行暗箱操作十分突出。企业往往需考虑设计各种控制来减小舞弊的可能性，如评标专家随机抽取制，投标平台的前期供应商维护，评标过程中的监督，等等。

3.4.2 采购合同风险把控

对企业来讲，合同风险是重大风险之一，大型的企业往往都会自己设立法务部门或聘请外部律师对合同进行审核，以规避合同问题给企业带来的风险。企业在发展的初期，如果不重视合同，即使明知道合同条款不利于企业，仍抱着侥幸的心理签订合同，那后续给企业造成的损失可能很大。本小节就给大家列举一些常见的采购合同可能会面临的风险。

在采购过程中，企业往往更有话语权，通常可以要求供应商签订企业方格式的采购合同，以降低风险。

企业方的标准采购合同通常可以分为两种：框架合同和特定合同。

1. 框架合同

当公司做好了供应商的准入评估后，就可以跟供应商签订框架合同了。框架合同是供应商与公司进行交易的标准和基础，包括交易的一些规定和规范，是交易的前提，而并不一定包括具体的采购数量和金额。框架合同通常包括以下内容。

（1）合同的有效期：与供应商合作的期限；如果需要中止合同，是否需要提前告知对方。

（2）具体订购事宜：后续的采购会以何种形式进行，如下采购订单或其他形式。

（3）价格、发票开具和支付方式：价格可能单独列示，也可能在后续的订单中体现；发票在何时开具；支付方式是银行转账还是承兑汇票，在多少天后支付。

（4）交期及交货条款：交期如何确定；如果在约定时间没有交货如何处理；如果没有按时交货确实给公司造成损失的，罚金如何计算；以及交货的地点、交货的要求。

（5）产品质量条款：产品质量应该满足何种要求，如果质量出现问题供应商应该承担何种责任，损失（包括材料和人工）如何计算，罚金如何计算。

（6）信息保密及合规：对在交易过程中了解到的公司信息的保密工作，以及合规工作如何开展。

（7）争议解决：如果发生争议而进行仲裁或诉讼，遵循何种法律，在何地解决（一般建议在公司所在地解决，这样公司更具优势）。

2. 特定合同

对于一些特殊的一次性采购，简单地说，就是要求特别的"一锤子"买卖，往往采用特定合同。在这类合同中，需要对需求、具体规格参数、能够达到的目的目标、相关配置、图纸甚至安装调试等提出特殊要求，所以通常采用"一货一议"的形式。在签订此类合同时一定要明确需求，对特殊条款进行把关。

3. 采购合同风险

签订采购合同时，需要考虑以下风险。

（1）价格风险。有些产品的价格跟大宗原材料交易的价格有着不可分割的关系，比如企业采购一些直接由有色金属加工而成的产品，如果大宗有色金属交易的价格下降，而企业与供应商签订的是固定价格的合同，就会造成企业无法获得此部分降价的利益的潜在损失。在签合同时，可以规定一定时间段内若价格波动超过一定的区间则启动新价格谈判机制。这样可以在相对公允的情况下进行交易。另外，在签订合同时，也必须明确价格是含税价还是不含税价，防止后续理解不一致而扯皮。

（2）发票风险。如果未在合同中对发票的开具进行约定，就有可能有收货后拿不到发票的风险。因此，要在合同中规定发票的提供时间。

（3）预付款风险。一些供应商对第一次进行交易的客户不提供赊销，这时就要求企业提供预付款。若付了预付款会存在两种风险：第一，预付后无法取得货物；第二，预付后收到货却无法取得发票。这两种情况都会影响企业的正常经营。因此在合同谈判时，尽量争取不支付或少支付预付款。

（4）验收风险。对一些定制化的产品，必须明确可衡量的标准及要求，同时规定如果验收不达标的处理事宜。

（5）质保风险。建议一定要留足能引起供应商重视的质保尾款，如果产品出现问题，这能够保证供应商及时协调解决。

（6）逾期风险。在规定的时间内供应商无法交出产品，需要明确其逾期的罚金，以保证企业的权益。

（7）知识产权风险。如委托供应商进行研究开发，需要对研究开发的成果进行明确，以保护企业合法的权益。

以上内容就是采购合同及相关风险的把控，下面我们来探讨具体的采购订单的下达及管理。

3.4.3 采购订单的下达及管理

采购订单管理在公司的日常管理中也起着极其重要的作用。采购订单的管理通常包括订单的下达、订单的跟踪与变更及订单的关闭。

图 3-4 展示了采购订单形成的过程。

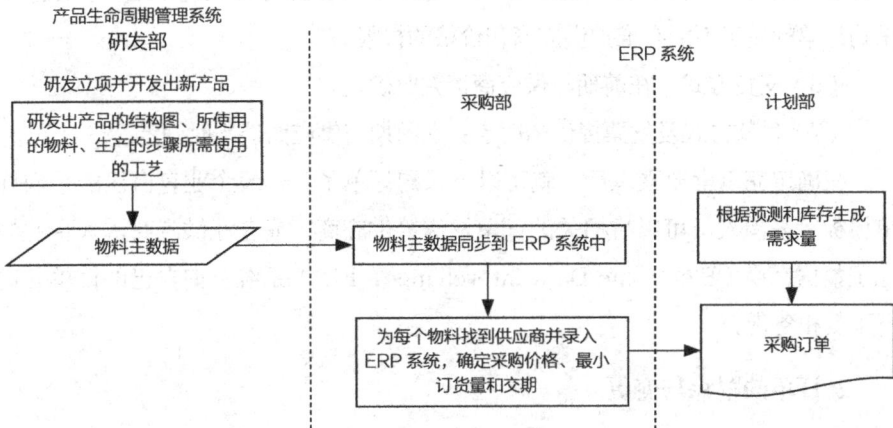

图 3-4 采购订单形成的过程

1. 订单的下达

采购订单中有几个关键要素。

（1）采购的具体物料：物料的名称属性在前期开发时就确定下来了，如果使用产品生命周期管理（Product Lifecycle Management，PLM）系统进行产品管理，这些数据会产生在 PLM 系统中并通过某种形式传递到 ERP 系统。

（2）采购的数量：由前期的采购需求转化而来。

（3）采购下单及到货时间：通常根据供应商的交期来计算。

（4）向什么供应商买：对于某些物料，公司为了防止单一供应商风险会考虑寻找 2 家或 2 家以上的供应商作为采购的备份。这就要求同一个物料，分别下单给 2 家或多家供应商。

在有 ERP 系统支持的公司中，通常只要在物料基础信息中维护好向 2 家供应商下订单的比例就能实现订单的自动分配，比如向某物料主要供应商下单总需求量的 70%，其他 30% 下给次要供应商。这样 2 家供应商都会有订单并且与公司保持长久合作。

不具备 ERP 系统支持的公司应该对所使用的物料作一些识别，梳理出一个清单，对比较关键并且断货会造成较大风险的物料，就需要做第二供应商备份，并考虑给第二供应商下单以维持合作关系。

（5）采购的价格：在前期与供应商谈判时确定。这里需要强调的是，选择供应商、确定价格和下采购订单是两个不相容岗位，企业一定要将这两个岗位分开以规避舞弊风险。如果是使用 ERP 系统进行供应链管理的企业，要注意下采购订单的员工不能有维护供应商和价格的权限。

（6）交货方式：在前期与供应商谈判时确定。

（7）付款方式及发票提供的时点：在前期与供应商谈判时确定。

在确定完以上要素以后，就可以下采购订单了。一般企业有自己的采购订单模板。采购人员可以将相关的订单发送给供应商，或者让供应商进入企业的电子数据交换（Electronic Data Interchange，EDI）系统查询自己的订单并进行下载和备货。

2. 订单的跟踪与变更

客户和市场的需求瞬息万变，一旦收到确定的市场变化消息，企业要迅速对预测进行调整。随之采购订单也会变化。

（1）如果预测数量增加，需要下额外的订单，采购部与供应商确认其是否有相应的产能满足增量需求。如果供应商没有应对的产能，采购部需要迅速寻找新的供应商来应对增量需求。

（2）如果预测数量减少，就需要采购部和供应商协商取消部分采购订单。如果供应商还没有开始准备原材料和生产，取消部分订单对供应商而言没有什么损失，谈判可能会顺利一些。如果供应商已经开始备货甚至开始生产，采购部要求取消部分采购订单会给供应商造成一定的损失，谈判可能需要一些策略。

3. 订单的关闭

采购部的一项职能是定期跟踪订单的交付情况，对未关闭订单进行追踪。如果订单关闭，采购部对该项订单的追踪工作就完成了。

订单的关闭通常有两种情况：交货完成后的自然关闭以及因其他原因关闭。

（1）订单自然关闭：当采购订单中所有的货物都交完了，发票已经提供了，则订单会在正常情况下自然关闭。

（2）因其他原因关闭：由于需求变更、供应商问题货未交完，后续协商后仍不交货，在这种情况下需要将订单人为关闭，后续采购部也无须花更多的精力在该订单上。

3.5　采购验收

采购验收是确保采购的物料或服务符合企业要求，制造出合格产品或取得所需要服务的前提。本节通过有形的实物和无形的服务分别介绍采购的验收环节。

3.5.1　实物验收的控制要点

当实物到达公司，公司需要根据当时的采购需求进行验收。实物的验收一般会分为生产物料的验收和非生产物料的验收。生产物料一般由质量部门、仓库部门进行验收，在前期小批试产时，甚至需要研发工程人员的参与。对于生产物料，其采购入库流程如图 3-5 所示。

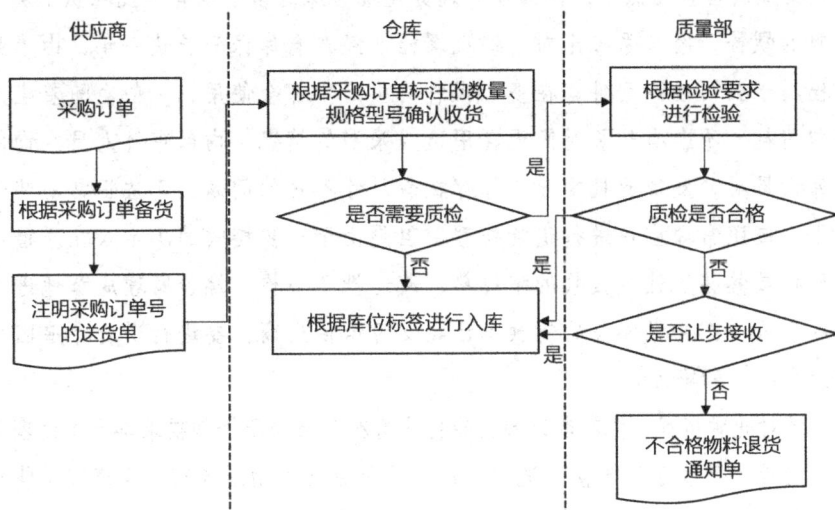

图 3-5　生产物料采购入库流程图

1. 生产物料在收货检验时需要确认的要点

（1）采购货物与交样货物是否一致：即货是否对版，送来的货物是否为公司所订购的东西，是否与当时交样的货物一致。

（2）采购货物的数量是否与订单数量一致：一般公司会规定交货的数量不能超出订单的数量以对采购进行管控。但对于某些特殊类型的原材料，例如需要过磅的原材料、在运输中可能会"跑冒滴漏"的原材料、从一个容器中转入另一个容器中会挂壁的原材料，供应商在装运时会事先多装一点以抵消运输过程中的损耗，当公司验货称重时，重量可能会略超过订单上的重量，针对此类物料，公司会给予一定的误差范围，只要交货数量在这个误差范围内，都是可接受的。最终按照实际收货数进行结算。

（3）质量是否符合要求：仓库人员清点完数量，完成确认收货工作后，根据公司管理标准，通知质量检验人员检验要求质检的原材料，质量检验人员会对原材料的质量进行确认。如果原材料符合标准，则验收入库；如果不符合标准，则判断是否与供应商谈判让步接收或选择退货。

🔑 案例 3-10 让步接收存在的问题

在某次检查盘点中，内部审计人员发现仓库的角落里有一批堆积了灰尘未拆封的螺栓，经与系统比对，该批螺栓已经在仓库保管长达一年，由于此种螺栓属于公司的通用件，在多个机种的生产中都会使用，一般会随着生产而均匀消耗，不会有较长时间无耗用造成呆滞的情况。内部审计人员在询问了仓库人员后，发现此批螺栓实际存在着尺寸不良的问题，无法正常安装到机器上，按照常理应该进行退货处理。但是由于让步接收的决定权在质检部，某质检员签核了让步接收的审批单，使这批不合格的螺栓顺理成章地进入公司的仓库中，并且相关的货款也已经支付给供应商，要进行退货并追回相关货款有一定的难度。

针对此种情况，内部审计人员除将此情况反馈给质检部要求其严肃处理外，也针对性地更改了让步接收流程。让步接收单必须由质检部、生产部（物料的使用部门）及其部门经理共同签核。这样在一定程度上减少了"一言堂"，以及将质量不合格的物料接收入库的风险。

2. 非生产物料的验收

非生产物料的验收部门见表 3-1，验收的标准以签订的合同要求或约定的质量规定为准。

3. 研发阶段的物料

有一种物料介于生产物料和非生产物料之间，为研发阶段的物料。这种物料的管辖和管理权限中存在一定的模糊地带，需要确认清楚责任归属部门，否则就容易造成管理上的"扯皮"。

🔍 案例 3-11　研发阶段的物料验收的问题

某次管理会议上，采购部公然发难财务部，投诉财务部不付供应商货款，导致供应商不愿意再跟公司合作，也不愿给采购部报价，进而导致很多项目开展不下去，大大延后了一些研发项目的进展。

财务经理对该事件进行了调查，发现不付款的原因是虽然拿到了供应商的发票，但是相关的货物没有入库。财务经理询问仓库的相关人员，仓管员反映，该物料已经收货，但是由于质检部一直没有质检所以无法入库。有发票未入库，也就没有办法进行付款。

于是财务经理找到负责质检的质检部同事，质检部的同事解释，该物料的质检需要与相关的图纸进行核对，但由于研发部并没有根据最新采购的物料修改相关的图纸，物料与图纸不符，无法作质检合格的判断，并且最近由于研发部着急使用该物料，物料已经被领用了，更是无从检验和判断。

财务经理到研发部了解情况，研发部的同事说，由于该物料买来只是进行测试的，如果安装到机器上没有问题能够通过测试，那么他们会修改图纸，并且进行相关工程变更通知单（Engineering Change Notice，ECN）的审批，但如果这个物料没有通过测试，他们修改图纸只会浪费大量的人力物力，得不偿失。

以上每个部门说得都有道理，但是每个部门又都站在自己的立场上，最后导致问题没有解决，公司的研发进程被拖累。所以需要有人从公司整体的角度出发，解决相关的问题。

财务经理召集了大家开会梳理相关的流程，最后明确研发阶段的物料在没有进入量产阶段时，由研发部管理和检验，不需要质检部介入。物料被验证通过后，转为正常的生产物料，由质检部进行质检后入库。这样就解决了研发阶段的物料的管理归属权，从而简化了流程，提高了研发的效率。

3.5.2　服务验收的控制要点

由于服务属于无形的产品，通常无法以清点数量、查看规格型号等方式进行验收，因此就需要制定一定的标准进行对比验收。

服务的验收部门：表3-1列举了部分服务的验收部门，一般的服务由需求部门进行验收。

服务验收一般分为通用验收和专业验收。

1. 通用验收

通用验收一般只要有常识化的判断标准就能进行，如对清洁、保安、绿化等服务进行验收，这类验收不需要非常专业的知识，只需遵循一般普适化的标准。

2. 专业验收

专业验收一般涉及专业领域的知识，需要对照行业标准、签订合同的标准以及依据专业的判断能力进行验收，如会计师事务所给公司提供的税务咨询、律师事务所提供给法务部的咨询、软件设计公司提供给公司的软件开发服务等。

对于服务的专业验收，一般需要在签订合同时规定验收的标准，用标准去衡量相关的服务是否能达到合同的要求，是否能满足当时的设计要求，这需要验收人员应用专业的知识进行判断。通常需求部门对此方面有更多的见解和发言权。

3.6　采购付款

采购付款是采购管理中的最后一个环节，当企业收到了合格的物料和正确的发票，就可以给供应商付款了，本节会介绍采购发票如何入账，其风险控制点有哪些；采购付款如何控制，怎样付款才能给企业带来更大的经济效益并减少相应的风险。

3.6.1　采购发票的风险管理

采购发票入账通常要满足以下要求。

1. 采购的货物已经入库

如果供应商一次性交货，则采购订单数量 = 采购入库数量 = 发票数量。

如果供应商分批交货，在每一批次交货中：采购订单总容差数量≥采购入库未匹配发票数量≥发票开具数量；发票的单价需要与订单的单价保持一致。

当财务拿到发票后，很重要的工作之一就是将发票的价格和订单的价格进行比对，确认供应商的发票的价格是否与当时谈判的和订单的价格一致。

2. 税率或征收率正确

财务需要确认税率或征收率是否和当时约定的一致，一般纳税人的税率和小规模纳税人的征收率是不同的，对普通的货物买卖来说，一般纳税人的税率是 13%，而小规模纳税人的征收率为 3%，在政策规定期间内为 1%，如果只核对含税总价，有可能会增加公司的总成本。

以上两点，包含了在采购发票入账控制中的一个重要环节——"三单"匹配。三单即采购订单、采购入库单、采购发票。对三单的数量、单价、税率或征收率检查完毕就完成了应付账款的确认环节。

图 3-6 展示了财务部收到发票后对发票处理的具体过程、数量差异的应对及单价差异的应对。数量的差异需要仓库配合调查，需要采购部联系供应商确认情况。单价的差异也需要采购部对订单进行再次审核。

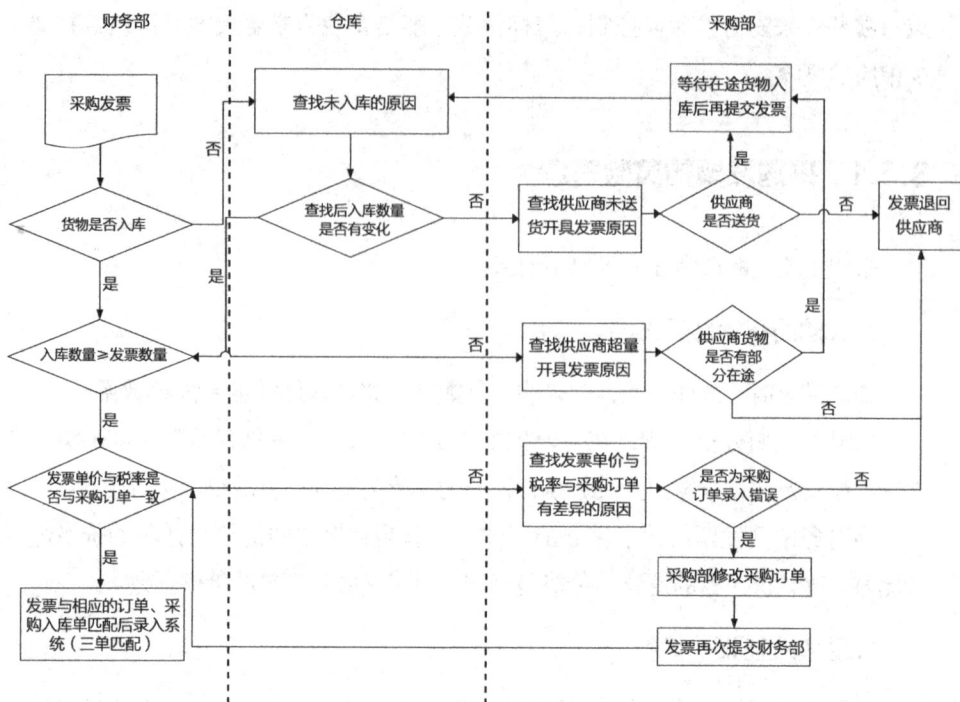

图 3-6 采购发票录入流程图

3.6.2 款项支付的控制要点

在发票登记入应付账款账目中时，就形成了企业与供应商的债务关系。相关的款项何时支付取决于采购部与供应商谈判的付款条件。

在使用系统进行应付账款控制的企业中，付款条件会作为供应商主数据中的一项在确定供应商时确定。付款的条款通常有预付款、货到后付款、货到后××天付款、收到发票后付款、收到发票后××天付款。这些付款条款都会以标准的格式录入系统中，系统会根据相关逻辑进行测算，将已经到期的货款以报表或者显示到期的方式提示。

无系统的企业，可以根据记录的供应商发票到期的时间或约定的时间进行支付。

根据是否取得发票，付款可以分为预付款和应付账款付款。

1. 预付款

根据是否取得货物或服务，预付款又分为以下类型。

（1）已取得货物或服务未取得发票的预付款。

（2）未取得货物或服务的预付款。

为了避免预付款损失，采购部应在前期对供应商进行严格的调研和审核，了解供应商的实力和资历，了解市场上其供应货物的口碑和合格率情况，最大限度地降低相关风险。

案例 3-12　影响效率的预付款

某公司为了避免预付款风险，会对预付款进行严格的管控，要求预付款经本地全体管理层审批后，再交由总部首席财务官审批，以此来规避预付款风险。采购部通常会为了不支付预付款而尽力与供应商进行谈判，尽管如此，一些预付款还是避免不了。公司的叉车属于特种设备，需要年检，设备部接到通知后就开始了申请流程，由于政府规定先支付相关款项，后进行年检并提供收据，因此该笔 200 元人民币的预付款就开始了它漫长的 "申请之路"，在历时大半个月之后，该笔预付款依旧在申请的路上 "飘" 着。最终等来的不是付款审批的通过，而是政府部门的一张整改通知书。

其实在公司的历史经营状况中，由于预付账款而产生的坏账没有发生过，而公司花费了这么大的精力去管理这个极少发生的事件，成本和效益是不成正比的。只有合理地进行内部控制才能更经济有效地进行管理，节约时间成本和管理成本。每个公司都需要在控制和效益中间找到一个平衡点。

2 应付账款付款

当完成了验收、入库、发票确认等环节后，相关负债就将进入应付账款列表中，并根据与每家供应商在前期谈判时确认的账期，到期后支付。（1）如果企业使用 ERP 系统进行账务管理，系统可以导出相关到期应付账款，财务部和采购部在确认无误后，予以支付。支付完成后，账务中应及时将付款凭证录入系统，以防止重复付款。如果进行 "银企直联" 的企业，相关的支付信息会直接由银行系统反馈到企业 ERP 系统，企业确认后就完成了整个支付流程。

（2）如果没有使用系统追踪应付账款的企业，通过手工处理付款后，应及时在付款的单据上做好已支付的标记，防止重复付款。数字化电子发票的普及也给财务人员带来了新的挑战，因为发票可以重复打印，在入账付款前，财务人员应增加查找重复发票环节，以保证同一张发票不重复入账。一些系统或者软件应用工具也可以协助财务人员完成相关的"查重"工作。

3.7 利用采购杠杆实现降本增效

采购成本是生产型企业中较大的成本，因此做好采购流程中的降本工作，是公司实现降本增效的关键，本节针对采购中降本增效的关键点进行重点介绍。

3.7.1 以帕累托法则管理关键物料

在管理关键物料时，应遵循帕累托法则[1]。对关键物料，找出重要的 20% 进行逐个分析，花一定的精力在剩余的 80% 的物料上。可以使用的方法如下。

（1）对杠杆物料寻找更多的供应商进行比价和谈判，例如与供应商谈阶梯返利条款，以"量"换"价"。

（2）进行集体化集约化管理：可以考虑集中集团或关联企业的采购量进行战略性议价，进行年度议价打包采购。这样把分散的采购集中化，有利于实施有效的管理。

🔍案例 3-13 集约管控出成效

背景

某集团的非关键物料种类高达 1 800 多种，采购部由于资源有限，提出管理如此多种物料有困难。

---

1 帕累托法则（Pareto Principle）：在任何一组东西中，最重要的约占 20%，而其余 80% 尽管占多数，却是次要的，重要性远不及那 20%。

分析

经分析发现，采购量占 80% 的是前 250 种物料，随后将这 250 种物料作为管理重点，投入精力。

进一步分析发现，在这些物料中采购最多的是封箱胶带，一年的采购量有近 100 万元。

再进一步分析，集团两家公司使用的封箱胶带规格不一样，一家使用宽度 60mm 的胶带，一家使用宽度 48mm 的胶带，通过统一两家使用的封箱胶带的规格，集中谈判采购，节约的成本相当于采购部一个普通员工半年的工资。

启示

在繁杂的管理中，应该分清主要的和次要的，关键的和非关键的，抓住 "矛盾" 的要点，产生更大的效益。

（3）价值工程管理：通过工艺改进、设计变化、材料用量优化、物料替换等进行成本的革新和降低。

3.7.2　让供应商的资金支持企业的运营

财务人员通常都会要求采购部在价格相同的情况下跟供应商谈最长的账期，这样能使公司的资金循环周期（Cash Conversion Cycle，即公司从付出现金到收到现金所需的平均时间）缩短，如果这个指标是负的，那说明公司在使用外部资金支持自己的运营。

随着市场变化，如价格波动及供需变化，供应商付款账期也可能发生变动。在供应商提出付款方式变更需求时，采购部应积极进行谈判，争取对公司更有利的付款方式，货币是有时间价值的，今天的 1 元和 6 个月以后的 1 元是不等价的。

供应商要求的付款条件通常有以下表现形式：赊销的额度、应付账款的账期长度、接受承兑汇票的比例（承兑汇票通常在 6 个月之内到期，实际支付现金的时期又拉长了）。这三者任何一个条件变化，都会引起公司资金成本的变化。

🔍案例3-14　货币的时间价值

采购部经过和供应商的谈判，最终拿到了供应商2%的降价，但是供应商要求将原来3个月的100%接受银行承兑汇票的条件改成现金货到付款。

财务部的同事进行了资金的测算，银行承兑汇票通常在6个月到期，实际上公司可以利用的付款账期为9个月（承兑汇票6个月＋原账期3个月），目前公司取得银行贷款的年利率为5%，9个月的货币的时间价值＝5%/12×9=3.75%，公司因为账期修改损失的货币时间价值高于拿到的折扣，因此这是一笔不划算的买卖，财务部同事告知了采购部结论，这个不利于公司的谈判结果就没有执行。

3.7.3　数字智能化提高应付会计工作效率

随着数字智能化不断发展，应付会计的部分基础工作有可能被数字化代替，如财务工作中的三单匹配，数字化技术可以对发票进行识别并且自动在系统中根据预定的逻辑进行判断，将没有问题的发票自动录入系统中，将有问题的发票留下进行人工处理。

发票数字化识别技术发展历程如下：最早期的光学字符识别（Optical Character Recognition，OCR）技术，完全靠图像处理进行判断，有一定的出错率；到后续技术演进，出现了一些能够与税务局金税系统进行对接的平台，只要扫描相应的二维码，就能从金税系统中获得公司相应的发票数据，大大提高了基础数据的准确率；金税四期系统出现后，全国推行电子发票，数据已经整合成电子流，更能加快电子数据与系统进行匹配的进程。在数字化技术的支持下，应付会计除了处理异常发票进行部门间的对接外，可以将更多的时间投入更有价值的分析，如付款周期的分析，协助采购部进行价格、资金成本的分析，优化采购条件的谈判等工作。

第 4 章
企业"开源"的关键
——销售环节

企业的发展依赖于能给客户提供需要的产品和服务，即销售业务。销售收入是企业利益的核心所在，企业能够持续经营的关键是有销售收入并且带来正向的现金流。

把握企业所在市场赛道，做好精准的定位才能从开源的角度提高企业的盈利水平，更好地为企业增效服务，从而增强企业抗风险的能力。

4.1 波士顿矩阵下销售的分类及内部控制管理要点

4.1.1 销售的分类

销售可以按照不同的维度进行分类，不同的销售类型在财务和内部控制上管理的重点也不同。

（1）根据销售的标的物的不同，销售可以分为实物产品销售和服务销售。

（2）根据销售的产品标准化程度的不同，销售可以分为标准化产品销售和定制化产品销售。

（3）根据销售主体的不同，销售可分为渠道销售和直营销售。

（4）根据销售市场的不同，销售可以分为外销和内销。

（5）根据产品的结构不同，销售根据波士顿矩阵理论可分为明星产品销售、金牛产品销售、瘦狗产品销售和问题产品销售。

波士顿矩阵，又称销售增长率－市场占有率矩阵，是由波士顿咨询管理公司创始人布鲁斯·亨德森创造的。针对不同类型的产品，企业应该有不同的策略去应对，在此策略实施或调整的过程中，风险的管理也尤为重要。

影响产品销售和策略的一般有两个因素：销售增长率和市场占有率。图 4-1 展示了这两种因素对产品的影响情况。

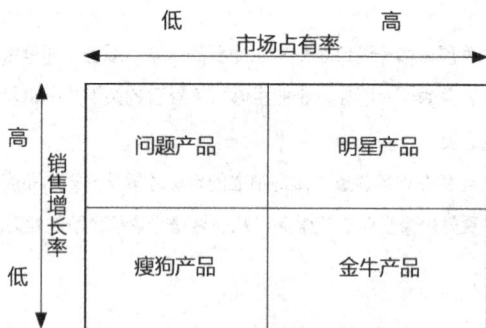

图 4-1　波士顿矩阵

企业要分析清楚自己产品的市场定位，针对每一种不同定位的产品采取不同的策略进行管理。

1. 计算方式

①销售增长率：属于公司内部的数据，通常比较容易获取，将某一年度的销售额与之前年度的销售额对比就能得出相应年度的销售增长率数据。

②市场占有率：属于外部的数据，通常需要据外部机构提供的一些调研报告和市场分析报告来衡量，或者找到公司相对标的多家上市公司的数据，计算出一个相对的市场占有率。

2. 产品分类

根据各种产品所处的象限不同，可将产品分为以下几类。

①明星产品，高销售增长率和高市场占有率的产品。

针对明星产品需要积极提高市场占有率，巩固产品的市场地位。在管理此类产品时需要关注以下指标。

第一，投资回报率。由于需要迅速打开市场，会对明星产品进行大量的投入，一旦投资偏离预期，需要及时发现并调整相关策略。

第二，市场占有率。由于公司的策略是提高市场占有率以便迅速占领市场，因此不能只关注绝对增长值，也需要关注产品的市场占有率。如果公司产品的市场占有率变小需要提示管理层采取积极的措施去应对。

②金牛产品，低销售增长率、高市场占有率的产品。

金牛产品已进入成熟期，其特点是销售量大，产品利润高，能给公司带来丰厚的现金回报。公司对此类产品的策略是尽量减少投资，压缩成本，提高利润，让其为公司发展提供更多的现金流。管理此类产品需要做的工作主要有以下两点。

第一，管理产品的成本。分析产品成本，提出合理的成本管理预期和目标。可以利用产品规模效应降本，进行原材料议价，生产上通过精益生产提高效率，降低成本。

第二，关注产品的销量。由于公司其他的产品生产及开发都需要金牛产品提供资金支持，需要关注产品的销量，如果市场变化导致销量下降，应该及时通知管理层调整策略，稳定市场占有率，减少开支，以保持健康的现金流，维持运营。

③问题产品，高销售增长率、低市场占有率的产品。

高销售增长率说明产品的前景很好，低市场占有率表明产品在市场营销上可能出现了一些问题。公司对问题产品应该采取选择性投资的战略，对产品或市场开拓进行选择，抓住重点提升产品市场占有率，如果成功则可以转化为明星产品。在此过程中可以做的工作主要有：关注相关投资所产生的效益，分析各种类型的投资战略对产品销量增长所起的作用，分析其原因及提供后续投资建议。

④瘦狗产品，低销售增长率、低市场占有率的产品。

瘦狗产品处于微利或者亏损状态，不能为公司带来较多的收益。对于此种产品，公司一般需要采取撤退策略。在此过程中的主要工作有：管理产品退出时所有的人、财、物的切换，如果是实物产品，更需要关注产品的原材料停止采购的时间、在库材料的消耗计划，尽量减少停产撤退造成的物料的呆滞。

4.1.2　销售流程中的潜在风险

销售是企业持续经营的根本，如何管理销售流程的各种潜在风险，是企业内部控制的关键工作之一。销售流程中潜在风险主要如下，企业在经营过程中需要把握相应的风险，做到业务发展和内部控制相平衡。

1. 销售预测风险

销售预测是企业的指挥棒，准确的销售预测可以使企业的运转顺畅，而不准确的销售预测会导致企业在备料、生产安排、库存资金占用等方面处于被动。销售预测的准确性是企业高效率运营管理的前提和基础。

▶案例 4-1　变化的销售预测

某公司生产的重型机械需要使用柴油发动机，由于进口大功率柴油发动机通常需要 5~6 个月，因此采购部门会根据销售提供的预测进行发动机的提前订购。公司新来的销售经理根据销售经验，认为本年的销售数量应该与上年持平，并将采购申请报送至相关部门。

发动机到达公司后一直没有被做成成品并销售。财务部在分析超过 1 年账龄的库存时，发现了这批高价值的发动机，于是就找到销售经理询问原因。此时销售经理已经在公司工作了近 2 年时间，了解了行业的业内规则和市场规律，他说，原来这种配大功率发动机的重型机械设备会有一个更新换代的周期，通常为 6~8 年，前年正好是更换该重型机械的 "大年"，因此公司收到很多订单。但从上年开始进入了行业周期的低谷，因此此种大型设备被销售出去的可能性不大。

销售人员的一个判断，让公司无形中多了几百万元的呆滞库存。这个决策占用了资金，同时这些发动机在下一个周期来临时是否还能够正常工作是不确定的，这无疑给公司造成了潜在的报废损失。

因此销售预测一定要基于市场情况，需要有严格的把关，需要有经验的人进行审核和评估以控制风险。

2. 销售价格风险

销售价格对企业来讲是影响利润和发展的重要的因素之一，如果销售价格过低，销售收入小于销售成本，企业就会入不敷出，最后导致现金流耗尽而无法持续经营。对销售价格的制定应该有完善的体系进行成本的核算及折扣的审批。

3. 销售合同及销售订单风险

销售合同的条款合理性，是否存在重大风险的合同条款，交期是否合理，是否存在重大违约条款，这些都是需要进行把控的。

4. 发货和销售收入确认风险

不同的发货条款，对应货物的风险转移时间点不同，需要对相关的损失进行把控。对销售收入时间点的确认也是企业关注的重点，不恰当的收入确认会导致企业产品财务数据不公允。如果上市公司财务报告出现问题，会直接影响公司的市值。

5. 销售信用管理风险

如果信用政策制定得过于保守，就会把原来考虑购买的一部分客户拒之门外。在其他条件相同的情况下，客户会选择提供信用期更长的供应商进行合作。如果信用政策制定得过于宽松，则不利于信用管控，企业发生坏账的风险会增加。

6. 代理商管理风险

代理商对企业渠道的延伸起着重要的作用，合适的渠道和代理商能将企业的产品交付到有需要的客户手中，增加销售额，占领更多的市场。不合适的代理商不但无法帮企业达成交易，还会占用企业的渠道资源，得不偿失。代理商的风险表现在许多方面，如代理商为了抢夺客户而不遵守相关的价格规范，跨区域经营扰乱市场的情况，能力不达标而无法服务好客户等。

7. 销售退货和售后服务风险

销售退货会给公司造成销售收入的减少，如何确认退货的合理性、退回的货物是否存在不能再次销售或呆滞的情况、公司是否存在通过销售后退货进行舞弊的可能性、售后服务如何定价和管理收费等都是需要进行管理的。

4.1.3 销售流程图

为了便于大家理解销售的相关环节，绘制了销售流程图，如图 4-2 所示。

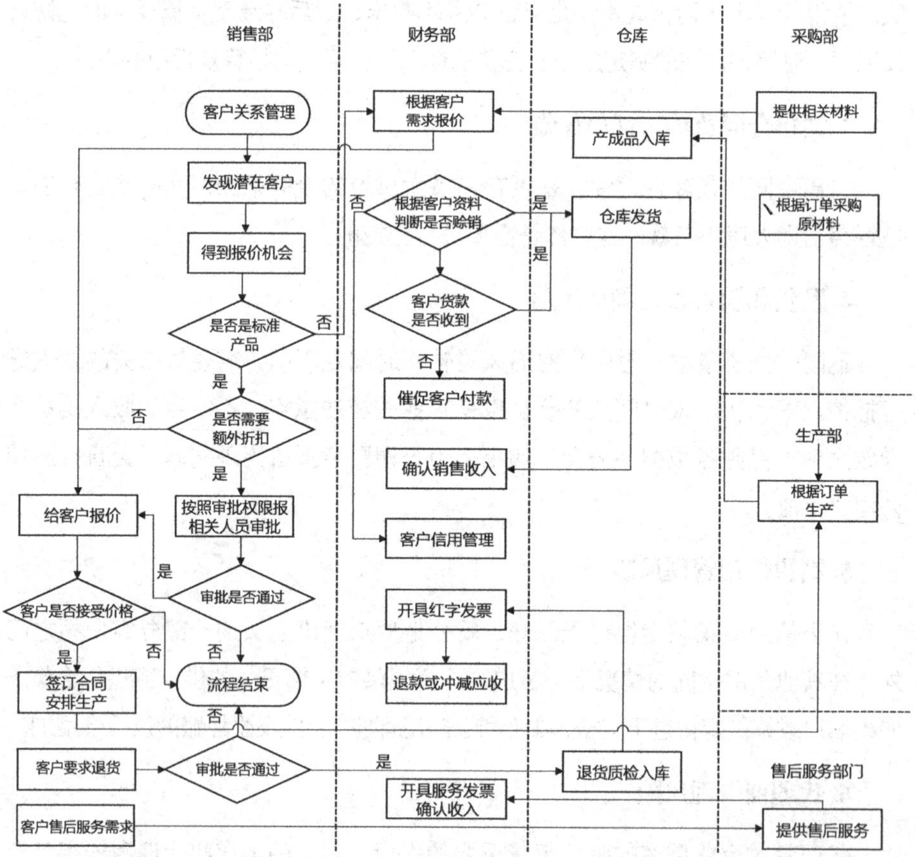

图 4-2 销售流程图

4.2　制定有竞争力的价格策略

公司的价格策略往往与公司的战略相关。如何制定合理的价格策略并控制相应的风险，特殊价格如何审批，在审批价格和条款时，有哪些需要注意的事项，本节将详细进行介绍。

4.2.1　常用的定价法

价格归根结底是由供给与需求的关系决定的。价格的升高会带来需求的减少，价格的降低会带来需求的增加，如何在销售价格和需求之间找到一个平衡点以达到利润最大化，是公司在制定价格策略时需要思考的问题。

公司产品价格的制定往往又是和公司的战略相联系的：如果公司想维持生存和发展，需要利益最大化，则需要找到价格和需求的平衡点；如果公司想迅速占领市场，则需要采取低价策略，公司有可能因此亏损，如互联网平台在早期往往都是采取这个策略的；如果公司想争取更多的代理商，往往会将更多的利润让给代理商，采取代理商高折扣的定价策略。

根据公司的产品所处的地位不同，往往可采取以下几种定价法。

1. 成本导向定价法

（1）适用范围：适用于有较大的优势、替代品很少、客户对价格不敏感的产品。

（2）定价原则：以产品的成本加上合理利润。

（3）具体步骤如下。

①由研发部门将相关的产品或服务设计出来，产品会涉及具体的原材料的使用、设备、工序和人工。

②采购部寻找合适的供应商并获取报价。

③人力资源部对所需要使用的人力、工种相应的人工成本进行评估。

④财务部将以上所有部门提供的信息汇总在一起，汇总原材料的成本、人工的成本、机器折旧费、动力费用、合理的损耗等成本，得到一个合理的按照目前成本所估计的成本数据。

⑤根据以上的成本数据，加上公司合理的利润，得出最终的目标价格。

总结来说，成本导向定价法是一种公司内生的定价方法，公司以自身产品的成本及所需要的利润来确定价格，而忽略了市场和竞争的关系。

2. 竞争导向定价法

（1）适用范围：适用于在市场充分竞争的情况下，进入壁垒不高的产品。以市场决定价格，进而控制产品的成本。

（2）定价原则：以市场价格为基准进行调整。

3. 客户导向定价法

对有特殊需求的客户，满足其要求，以客户为中心，是客户导向定价法的核心所在。客户导向定价法指在充分理解客户需求的基础上，通过测算客户相关需求的成本，从而得出相应的价格。

4.2.2 特殊价格的审批及风险应对

图 4-2 左侧展示了如果出现特殊情况，企业需要对个别客户提供特殊价格时该怎么办。这一小节，我们介绍一下特殊价格相关问题。

1. 特殊价格产生的原因

提供特殊价格给客户，主要有以下原因。

①公司希望与某些客户达成战略性的合作关系，因此，会以更低的价格将产品销售给合作伙伴。

②对某些大项目，公司需要与其他竞争对手一起竞标，因此需要一个特殊的价格作为后盾以协助销售人员取得项目。

③公司为了快速抢占市场，针对某些产品进行低毛利甚至亏损销售以达到其战略目的。如在中国还普遍使用洗衣粉，宝洁和联合利华也还未注意到中国洗衣液市场时，蓝月亮为了提前布局，迅速占领市场，就对洗衣液采取了低价销售策略。

④公司对某些产品进行亏本销售以达到营销的目的。其真正的意图是吸引客户购买其他产品。如义乌小商品市场中的丝袜一双 5 元还包邮，商家这样做的目的是引导客户看到他们家的高利润产品并购买。

⑤低价销售机器为了赚取后续的利润。如家用打印机价格通常很便宜，但

后续的墨粉销售却会给公司带来较高的利润；如胶囊咖啡机，一个咖啡机只卖几百元，但一个咖啡胶囊却要 4 元左右，以较低的机器价格保障了企业的后续高毛利。

2. 特殊价格的控制

特殊价格往往伴随着特殊策略，如果特殊价格制定过低，很有可能会影响公司的毛利，让公司亏损比盈利多，对公司的可持续经营产生影响。因此，公司必须有机制严格控制特殊价格的审批。

常见的控制如 2.3.1 中提到的授权制度。价格在多少范围内的需要销售经理的审批，在多少范围内的需要销售总监的审批，在多少范围内的需要总经理的审批。

在审批特殊价格时，需要考虑以下因素，并在定价时制定相关的规定，避免因素变化给业务造成的不利风险。

（1）原材料价格上涨给价格带来的不利影响：一般在签订合同时需要考虑原材料的涨跌对最终价格的影响，原材料价格变动超过一定幅度时，需要进行价格的调整。

🔍案例 4-2　原材料价格变化带来的巨额损失

2016 年 8 月，A 公司中标 B 公司工房钢格栅工程，9 月签订施工合同，合同中规定 "市场价格波动不予调整合同价格。" 合同价为 141 万元，计划开工时间为 2017 年 4 月，A 公司向 B 公司缴纳了 14 万元的履约保证金。

2017 年 3 月由于钢材市场价格较签订合同时上涨了 2 倍多，A 公司无法履行合同，通知 B 公司解除合同并要求退还履约保证金。

B 公司于 2017 年 5 月再次招标，C 公司中标价为 310 万元。B 公司向法院提起诉讼，要求 A 公司赔偿损失 185 万元（包括两次招标差价和工期延误费）。经过三审，最高人民法院最后判定的违约金额为 14 万元。认定 A 公司行为构成违约，应承担相应的违约责任。而重新招标的合同价款差价，并非 A 公司违约行为直接造成的损失，故该主张不能成立。

从上述案例中，我们得到的启示是，公司在订立合同时，需要考虑原材料价格波动对利润造成的影响，当原材料价格波动超过一定范围时，需要和客户启动价格谈判机制，否则会给公司带来极大的风险和不确定性。

（2）技术壁垒风险。当公司进入一个新的技术领域时，应该充分评估其相应的风险从而作出定价决策。当公司不具备相关领域的专家时，应该寻求外界的帮助。只有充分了解相关风险因素和失败的可能性，才能较好地估计公司通过该领域的产品生产能获得的利润。

案例4-3　抢单也需要量力而行

A公司和B公司是竞争对手，在得知B公司的客户C公司在寻找新的供应商进行报价时，A公司立马积极参与相关的项目中。尽管A公司对目前报价的产品并不熟悉，也不了解具体的工艺的成熟程度，但觉得B公司能完成订单，那按照B公司的报价跟进一定没有太大的问题。在报价后，A公司顺利拿到了订单，在实际的生产中却遇到了麻烦，原来这一产品生产工艺复杂，报废率极高，通常生产5个就会有1个报废，B公司也是因为产品的工艺问题一直无法改善，所以萌生了退意。A公司在不了解情况的状况下，匆忙"出手"，解决了B公司的"麻烦"，还让自己深陷泥潭。项目完成后，经过核算，A公司预期的10%的毛利率并没有实现，反而亏损了15%。

（3）运费风险。在进行国际贸易时，交货方式尤为重要，价格条款中如包含运费，则公司需要承担运费波动带来的额外风险。当签订了固定价格的供货协议时，公司往往会因运费上涨而承担较大的损失。有时甚至由于订不到仓位而不得不进行空运，这让许多本来处境不妙的公司雪上加霜。

（4）维保费用。合同中的维保期限也是直接决定价格的关键因素。某些大型设备、汽车运输设备等的维修保养，会直接消耗相关的备件、易耗品以及人工，产生的成本会直接减少利润。因此维保的期限、次数，需要在签订合同时明确。有些大型企业进行招标时会采用固定格式的模板，企业进行报价时，一定不能忽略维保费用。

4.3　管控风险——销售合同和销售订单的风险应对

4.3.1　销售合同的风险应对

在我审核过的一份销售合同中，有一些对销售方非常有利的条款，在此跟大家分享。

1. 价格波动时启动谈判的议价权

如案例 4-2 中 A 公司所面临的风险，公司在签订合同时就应考虑公司所处的行业原材料价格的波动。在合同中，补充原材料市场价格波动超过一定百分比时就启动议价机制的条款，能够很好地规避价格上涨造成的无法履约的风险。

2. 为满足交货所备物料的补偿权

为了满足客户的预测或订单需求，销售方会进行备料，由于某些特殊的物料具有专用性，如果出现问题无法销售给第三方。针对这些物料，有必要在销售合同中规定万一物料出现呆滞问题，客户如何补偿。

3. 定制开发产品的款项预收权

为了满足客户的需求，销售方会根据其要求开发出特殊的产品，该产品不具备通用性，无法销售给其他客户。为了应对后续成交风险，公司需要制定预付款条款，以确保客户的购买意愿真实可信，同时也能在一定程度上规避后续发生的变更给公司造成的损失。

4. 货物的验收合格时间点

产品在运输、存储、加工、使用中可能会因为各种原因造成性质的改变或质量问题，为了识别出是哪个环节中出现的状况导致货物出现瑕疵，验收合格时间点的确认就显得尤为重要。只有确定好验收的时间点，才能界定好双方的责任。因此，有必要在销售合同中明确验收的时间点。

5. 违约责任的约定

如果对一份合同只能做一项审核，那么我认为其他条款的重要性远不及违约责任。这个条款一旦没有审核到位，给公司带来的风险是无限的。

公司首先需要避免的是无限责任风险条款，比如公司生产一个小机器销售给了客户，如果这个小机器出现故障导致客户的厂房烧了，且双方签署的是赔偿所有的连带损失的无限责任风险条款，则会给公司造成巨大的损失。另外，有些客户会要求公司签订承担由于延期交货造成的停线费用，高达几千元／分钟。质量问题可能造成巨大的损失，不仅包含自身货物价值的丧失，还需要承担与客户返工相关的费用，如果由于公司的货物造成组装在一起的其他供应商的货物损坏，也需要一并补偿。对于比较强势的客户，如果无法进行条款的修改，那么公司需要在收益和所承担的风险之间进行评估，最终作出接受或者拒绝的决定。

在合同的谈判过程中，公司可以先识别出哪些是无法让步的条款，哪些是可以适当让步的条款。在谈判中，对部分可以让步的条款进行妥协，以换取对方接受己方不能让步的条款。所有的谈判都是博弈，双方需要寻找到一个利益平衡点。

🔍案例4-4　事关战略的销售合同

背景

节能减排目标对汽车行业产生了深远的影响，电动车的销量占汽车总销量的比例一路上涨，而这中间十分受益的莫过于电池供应企业了。

在一辆电动车的总成本中，电池成本占50%以上。有些汽车厂商戏称自己在给电池供应企业打工。为了摆脱对宁德时代的依赖，许多汽车厂都把自研电池放到了未来发展的第一位。比如理想已经和欣旺达合作生产理想的自研电池，2022年蔚来也花了20亿元投资到自研电池，小鹏也投了大量的资金在自研电池上。

市场变化

数据显示，2021年宁德时代锂电池装机量市场份额超过50%，2022年，宁德时代的锂电池装机量市场份额下降到47.7%。

应对措施

2023年初，为了应对锂电池装机量和市场占有率的下降，宁德时代除了扩张拿下较多的矿产资源外，也积极地向车企提出了一份有诱惑力的销售合同。合同提出，未来三年，与宁德时代合作的车企，只要承诺约80%的电池采购于宁德时代，即可享受一部分动力电池的碳酸锂价格以 20 万元 / 吨结算的优惠活动（目前市场行情为 47 万元 / 吨）。拟合作的车企包括华为、理想、蔚来、极氪等，这一活动对车企还是相当有诱惑力的。

策略分析

这份销售合同的签订，彰显了宁德时代以超乎常理的价格捍卫市场领导者地位的战略和决心。

车企面临两个选择。

（1）选择在宁德时代购买电池，大幅降低造车成本，提高利润率，但同时也就意味着车企要放弃自研电池项目，以后的电池供应被宁德时代控制。

（2）选择不合作，那么其他竞争对手就可能会以非常低的价格拿到电池，企业难以竞争，以后的生存可能都是问题。

宁德时代用一份前瞻性的销售合同彻底贯彻了自己的战略，牺牲了部分毛利来维持自己的市场份额和领导地位。

以上的案例提示我们：在做内部控制时，不仅要关注合同的表面，更应该透过合同洞察业务的商业实质和对企业的潜在影响。一份有深远意义的合同可能影响一个行业的走势和发展的方向。

4.3.2 销售订单的风险应对

对于长期合作的客户，公司会先签订框架销售合同，在该框架销售合同下，具体的订购产品以销售订单的方式进行确认；另外针对一些零星的采购，公司会根据具体的交易与客户直接签订销售订单。在处理销售订单的时候，也需要对相关的风险进行梳理和规避。

一般根据公司的情况制定标准格式的销售订单模板，销售订单通常包含以下因素。

（1）双方公司名称。

（2）所交易的标的物及其价格，价格需要明确是否含税。

（3）交货期。规定签订合同或付款多久后供货。

（4）运输方式及交货地点。此点对风险转移、收入确认有较大的影响。特别是外贸订单中，会涉及运输费用及运费波动风险的承担者。

（5）结算方式及期限。在此点中，需要列明货款何时支付，发票何时提供。

（6）货物验收及质保期。规定货物验收的方式方法、时间节点，以及质量保证期限。

（7）违约责任。销售方如不能及时发货应该承担何种责任，购买方如果不能按期付款应该承担何种责任。违约责任赔款一般控制在合同金额的 20% 以下（与合同法一致）。

（8）纠纷解决方式。如果对合同产生纠纷，是进行仲裁还是进行法律诉讼，相关的仲裁或诉讼地点约定在哪里，相关费用由谁承担。

图 4-3 展示了一个简单的销售订单模板，该模板包含以上要素，可以作为参考。

XX 公司销售订单

销售订单编号：123456

购货单位（甲方）：A 有限责任公司

供货单位（乙方）：B 有限责任公司

经甲乙双方友好协商，现甲方向乙方购买 ×× 产品，依据《中华人民共和国民法典》，签订合同如下。

1. 标的物

货物名称	规格型号	产品单价（含13% 增值税）	销售数量	产品总价	备注
×× 产品	A110-1	12 000 元	1 个	12 000 元	包含一年耗用配件
×× 产品	B2233-5	33 000 元	2 个	66 000 元	包含一年耗用配件
合计				78 000 元	

2. 交货期

在甲方支付预付款后 3 周内发货。

3. 运输方式及交货地点

运输方式为陆路运输，交货地点定在甲方工厂所在地：× 市 × 街道 ×× 号。

4. 结算方式及期限

甲方在合同签订 5 个工作日内，向乙方支付合同价款的 30% 作为预付款，在提货前，甲方向乙方支付 30% 的货款，当货物到达甲方指定交货地点后，甲方向乙方支付 30% 的货款，剩余的 10% 货款在验收合格后 3 个月内支付。乙方在每次收到货款 2 个工作日内，向甲方开具相应额度的增值税专用发票。

5. 货物验收与质保

货物到达甲方指定地点后，甲方应于一周之内完成相关设备的验收，超过期限甲方未提出异议的，视同验收合格。如验收中发生任何问题，如质量不达标等，甲方应以书面的形式通知乙方，乙方进行修理或更换。

图 4-3 销售订单模板

从验收合格之日起，质保期为一年。在此期间发生的非人为或非使用不当造成的质量问题，乙方负责维修。

6. 违约责任

乙方未按照规定时间发货，每延迟一天，按迟交货物金额的 0.3% 赔偿，最高赔偿金额不超过总金额的 10%；甲方如未按合同约定付款，每延迟一天，按应付款 0.3% 的金额赔偿，最高赔偿金额不超过总金额的 10%。乙方推迟交货超过 1 个月，或甲方付款延迟 1 个月，对方有权解除合同，并且要求按照合同总价的 20% 予以赔偿。

7. 纠纷解决方式

甲乙双方如发生与本合同相关的争议，双方通过友好协商解决。若协商未果，可提交乙方所在地仲裁机构仲裁或寻求法律解决。

甲方：

乙方：

××年×月×日

图 4-3　销售订单模板（续）

4.4　销售发货风险应对及收入确认

销售发货在整个销售内部控制中并不是特别起眼的一个环节，有些公司认为，只要仓库按单操作，并不会产生太大的风险，但在实际操作过程中，发货条款、发货实际操作造成的风险仍然不可忽视，有些公司甚至通过调整销售发货来达到操纵财务报表和利润的目的。

4.4.1　销售发货流程的控制点

在销售发货过程中，有以下相关节点需要进行控制。

1. 不相容岗位分离

销售订单的制定人和仓库发货人应为不同的人，避免一人虚构销售订单并进行发货的舞弊风险。

2. 发货前的信用控制

公司如果对某客户有一定的信用额度，即 "允许客户欠公司多少钱"，客户可以在这个额度内进行提货；如果超出了该额度，客户要么将欠公司的钱还回来一部分，保证在额度范围内，要么向公司申请临时额度，公司进行适当的授权审批后再进行发货。

3. 出口货物的报关控制

一些出口货物由客户进行报关，公司提供相应的文件给货代，在这个过程中，公司应该及时追踪相关的报关流程。如果货物没有及时报关出口，而公司已开具零税率的发票，就有可能造成漏缴增值税的风险。

🔍案例 4-5 出口货物报关带来的风险

A公司的代理商甲公司联系了A公司的客户经理，声称自己成立了一家境外公司乙公司，想将A公司的产品销售到境外，向A公司采购一批货物。A公司与甲公司合作多年，出于对甲公司的信任，客户经理并没有进行过多的调查和研究，就与甲公司的境外公司乙公司签订了销售合同，合同约定，A公司负责在工厂交货，后续的报关费用和运费由乙公司承担。

在交货后，A公司按照外销开具了零税率的普通发票，但却迟迟没有等到乙公司所提供的出口报关单，在催促了一个多月后，乙公司才将相关的报关单提供给A公司，但报关单上的出口方却不是A公司，而且相关货物的价格也被低估。基于以上事实，A公司的货物从合规角度来讲根本没有出口，A公司立马补缴了相关货物的税金，并且向甲公司追回了相关的税款。

以上的案例提示我们，对于第一次交易的境外客户，一定要做好相应的信用调查，对于出口报关事宜，公司也应该及时了解相关货代的情况、货物的船期及报关的情况，一旦发现问题，及时采取措施进行风险的控制。

4. 发货数量及标签控制

在销售货物过程中，仓库人员的疏忽造成发货的数量与实际装运的数量不符，会造成公司的损失（多装）或客户的投诉（少装），如涉及进出口报关，还有可能引起涉嫌走私的风险。

案例 4-6 货物数量差异带来的风险

A 公司生产设备的部分关键零部件主要从母公司进口，由于母公司仓库管理存在一定的问题，销售货物的数量经常与报关单上的数量存在差异，A 公司为此多次进行沟通和投诉，但均没有得到公司高层的重视。

某次 A 公司又收到了从母公司进口的产品的到港消息，不过这次不同的是该货柜在海关抽查的范围内，海关开箱验货后发现报关数量与实际货柜中的产品数量不符，海关扣留了该货柜。由于货物是最近需要出货产品的核心部件，扣留的货柜不仅影响了后面的交货，甚至牵扯到 A 公司的海关评级——相应评级会降低，海关会加大对 A 公司货柜的查验力度和频率。如果金额重大，还会涉及走私的风险。

这件事情发生后，仓库装运货物数量不准的问题才得到了母公司的高度重视，装运货物流程才得到了控制优化，对于出口货物，需要第二个人进行数量的复核后才予以装柜，从而减少了发运数量不符而引起的合规风险。

另外，在销售货物时，货物上的标签也十分重要，如果没有原产地标签，一些货物还会被海关加征反倾销税，加大税负。

5. 货物验收控制

发货后一般需要取得客户的签收或验收单，以表明客户对收到货物的确认或对货物运转正常的承认。公司应该有相应的机制要求取得相关单据，否则在后续出现纠纷或者问题时会让公司处于一个非常被动的局面。

案例 4-7 货物验收条款的风险

A 公司销售一台机械设备给大型电厂，合同规定该设备在电厂运行 168 个小时并验收合格后电厂再支付剩余 40% 款项。货物运抵客户所要求的地点，并且进行了测试，确认没有问题，电厂却拒绝提供货物的验收报告，理由是电厂中的其他设备并没有完工，无法证明该设备能与其他设备整体运行合格。同时由于国家政策，该电厂建立后为了配合碳中和政策，推迟了开机时间，拖欠货款长达 6 年。A 公司为了收回该款项不得不寻求法律的帮助，在法律的协助下，以实质重于形式的原则，使用当时简单的测试报告作为验收依据，最终判决 A 公司胜诉，A 公司拿回了拖欠长达 6 年的货款。

以上的例子提示我们，对于货物验收合格后支付货款的条款，需要补充一个最晚验收时间的限制条件，以保护企业的合法收款权利，减小验收条款对应收账款回收造成的风险。

4.4.2 销售发货对销售收入的影响

内部控制的一个职能，就是让财务数据能真实反映企业的经营状况，本书 2.2 节中介绍的 SOX 法案最主要的功能之一就是让财务报告说"真话"。

销售收入是投资人最关注的要素之一，这个要素也是审计极其关注的，为了确保收入确认的准确性，需要更深入地理解这方面的知识。

1. 发货条款对销售收入确认的影响

在新收入准则下，以控制权是否转移作为判断是否可以进行销售收入确认的条件之一。在进行出口贸易时，发货条款对公司何时确认销售收入有着重大的影响，不同的发货条款下，公司对销售收入的确认时间点不同。

下面来介绍一个贸易中的专用术语 Incoterms。

国际贸易术语解释通则（*International Rules for the Interpretation of Trade Terms*，Incoterms），是由国际商会制定的国际贸易的基础性国际通行规则。图 4-4 摘录了 Incoterms 的义务归属及风险转移时间点。个人认为该图的内容比较清晰和实用，有助于财务人员掌握确认销售收入的时间点。

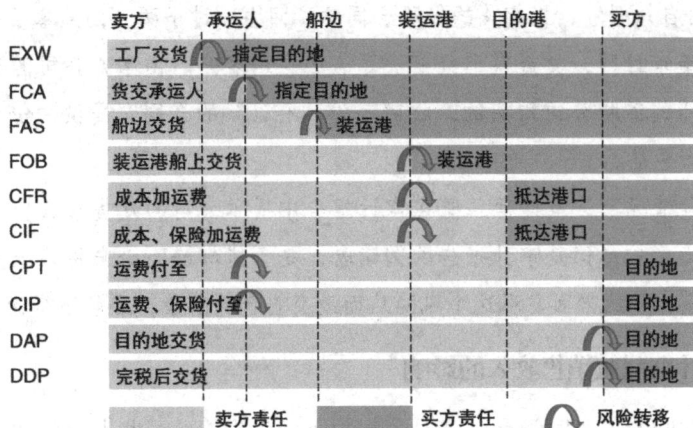

图 4-4 Incoterms 的义务归属及风险转移

在一些上市公司的年报中，伴随着有一些发货条款的改变，销售收入的确认时间点也会提前或延后，对企业的利润的影响很大。

🔍案例 4-8　发货条款的改变影响销售收入

在对 A 公司的审计中，审计师发现当年 A 公司所处的行业整体下行，但 A 公司的销售收入却与上一年持平，未见行业环境对 A 公司造成影响。于是审计师详细分析了 A 公司的销售收入，并且取得了 A 公司当年签订的一部分大额销售合同，在与上年的合同对比时，审计师发现了对外贸易合同条款发生了重大的变化，从 DAP（在指定地点交货）条款变为当年的 FOB（在装运港船上交货）条款。由于 A 公司 80% 的订单均为境外贸易订单，其客户大部分在北美，平均的海运时间在一个半月，原来在次年 2 月中旬才能确认收入的订单，现在在当年年底装船后就能确认收入。由于当年销售收入政策的改变，实际确认了约 13.5 个月的收入，从而让原本下降的销售收入和上年持平。

对于这样的"戏法"审计师出于谨慎性原则当然不能忽视，于是又审核了公司与货运代理、保险公司签订的相关合同，还真的被审计师发现了漏洞：A 公司签订的运输险合同的受益人并没有进行修改，依然是 A 公司。在变更了发货条款后，正常的 FOB 条款下货物的风险和控制权在装运港转移，一旦货物在海上发生风险，运输险受益的对象应该是 A 公司的客户而非 A 公司。这份运输险合同恰恰证明了货物的风险和控制权仍然在目的地转移，审计师再次提出质疑。

A公司自知理亏，将相关的保险合同拿了回去，过了两天，又拿了一份新的保险合同给审计师，受益人已经变成了A公司的客户。由于A公司的运输险是在自己集团的保险公司购买的，收回一份"有误"的合同，提供一份"正确"的合同轻而易举。

在这种情况下，审计师只能在审计报告中提示公司的发货条款变更对收入会产生重大影响，但是审计报告的阅读者，是否能够静下心来将六七十页的审计报告读完，并从里面发现这个风险从而改变自己的决策，那就不得而知了。

2. 会计期间对销售收入的影响

会计期间的关账时间点也会对销售收入产生影响。一些上市公司为了使盈利达到预期，玩起了"日历游戏"，在月末应该关闭会计账期的时候不关闭账期，以本应计入下期的收入来弥补未达到盈利预期的差异。

3. 销售政策的变更对销售收入的影响

当销售政策变更时，销售收入也会受到影响。一些公司会有代理商、分销商，以这些代理商和分销商作为中转，使产品最终流向终端客户。当公司的销售政策从寄售（即货物的所有权还是公司的）变为直接销售给代理商时，公司的销售收入的确认时间点无疑也提前了。

销售政策的变更，会影响到公司的销售收入，因此，需要特别引起报表使用者的关注。

4.5 能减少坏账的信用管理

减少坏账是企业的重要使命之一。制造类公司购买原材料生产成产品并销售出去以收回资金，贸易类公司买入产品并卖出以收回资金，服务型公司提供服务收取现金，如果这些公司最后没有收到款项，就无法经营下去。

信用管控如果管控得太紧了，可能会导致销量的下降；如果管控得太松，销量提高了，但又会面临着无法收回货款的风险。如何在信用管控程度和销量之间找到一个最适合企业的平衡点？在此之前，企业需要设计相关的流程，在合理的范围内保障企业该收的钱收回来。

4.5.1　世界 500 强企业信用管理的方法和实践

先请大家思考一个有趣问题，信用管理究竟是财务部门的事情还是业务部门的事情？

这个问题仁者见仁智者见智。我曾经在一个研讨会上碰到我所就职公司之前的财务总监讲课，他在课堂上分享了他的观点：信用管理应该由业务部门去管，因为业务部门最了解客户到底能不能付款，公司以业务部门是否收回了销售款作为业务部门的 KPI 进行考核监督。

我也提出了以下观点。从内部控制的角度看如果信用管理由业务部门进行控制，就构成了自我复核的内部控制缺陷，也给舞弊创造了更大的空间。如果发生舞弊，不能收回应收款给业务部门带来的利益远远大于业务部门完成 KPI 所获得的薪资收益，所以我认为以财务部门为口径控制信用管理更符合内部控制的要求。另外，我也列举了银行这个成熟的可借鉴的"以信用管控为生的商业体"，银行的信用审批都由风控部门进行，而不会让业务部门自己进行审批。

以上的问题没有正确的答案。有些公司会将信用管理由业务部门管控，这是一种比较激进的思路，有些公司信用管理由财务部门进行管控，相对更稳健。

很多世界 500 强企业有自己的信用管理部门（Credit Control Department），这个部门隶属财务部门，负责从前到后的全流程的信用管控。以下是世界 500 强企业信用管理的方法和实践。

1. 事前信用审核

当公司第一次接触某一客户准备合作时，首先要做的就是对该客户进行调查和评估。

很多世界 500 强企业，会使用专业的信用调查机构对客户的资质进行风险评估。这些机构包括国外的机构，如邓白氏（Dun & Bradstreet）、汤森路透（Thomson Reuters），以及国内的机构，如中诚信、中商征信等。

以上这些机构的信用调查报告的内容大致分为两部分。

（1）对一些工商公开资料，如公司整体情况、组织架构、股权架构、高管信息、合规风险等方面进行分析，能帮助公司规避一些"坑"。

（2）对财务数据等非公开资料进行分析。这部分数据属于市场监督管理部门的内部档案，每家企业每年都需要向市场监督管理局申报自己的财务报表。

这部分的资料是信用调查报告真正的价值所在。

信用调查机构会根据客户的财务数据等进行分析，结合信用评级公司建立的数据库模型，给出该客户的信用等级和建议的信用额度。

当然，这个信用等级只是作为一个参考，公司可以根据自己业务的实际情况进行调整。

图4-5列示了某家信用调查机构信用调查报告所包含的内容，其中的财务数据、行业分析及供应商和客户访谈能够为公司评价客户带来一些关键和有用的信息。

报告摘要	目标公司概况 信用状况	内容概要 风险提示
综合评述	企业背景 企业现状	发展历程 发展前景
注册资料	注册信息	变更
股东及出资情况	资本构成 最终控股股东	境内最大法人股东 最终控股股东出资链
人员结构	从业人员 管理层简历	核心管理层
对外投资情况	目标公司对外投资 分支机构	法定代表人对外投资
商业信息	生产经营设施 资质证书 原料采购	商标专利 招投标信息 产品销售
信用记录	主要供应商/客户访谈	
财务状况	资产负债表 重要比率表 财务分析	利润表 行业指标对比
行业分析	行业说明	行业核心指标趋势图
金融信息	银行往来	质押抵押记录
负面记录	诉讼记录	行政处罚
媒体信息		

图4-5　信用调查报告目录

在进行了充分的评估后，公司给予客户一个信用条款，包括信用额度（能赊账多少）、账期（能赊账多久）。这个数据并不是一成不变的，公司后续要进行常态化的跟踪管理。

2. 事中跟踪管理

当公司对客户的信用额度和账期进行审批后，客户给公司下订单，公司就可以根据审批的信用额度给客户提供相应的货物或服务了。

（1）系统管控信用额度。

使用系统管理的公司，会将信用额度建立在客户档案中，系统会判定客户的赊销金额是否超标，在系统中可以设置两种不同的管控措施。

①订单冻结（Order Block）。当客户的赊销金额超过可使用额度，系统不允许新的订单录入系统中。这是信用管理最严格的一种方式。订单无法录入系统意味着后续的生产安排不会考虑该客户的需求，直到客户付清货款为止。

②发货冻结（Shipment Block）。当客户赊销金额超过信用额度，系统依然允许将销售订单录入系统中，进行排产，但在发货之前，客户必须将货款付清，否则系统会提示，客户赊销金额超过信用额度，无法发货。

（2）临时额度管控。

当赊销金额超过信用额度时，一些公司会允许客户进行临时额度的申请，以便能将目前的订单进行交货，后续客户将相应的款项付清。公司应根据临时额度的金额大小，设置不同的审批权限。

（3）定期信用额度审核。

对所有客户的信用管理一般需要进行定期的审核与评定，根据客户的最新情况和财务状况，以及交易了一段时间后的诚信情况，进行信用额度的监控和必要的审核修改。各公司信用管理审核的频率不同，但建议至少一年进行一次，这样才有利于信用的良性闭环管理。

（4）动态实时监控。

一些公司还会使用信用机构的 "负面清单" 服务，或者利用网络爬虫技术对客户的负面清单进行管理。

设定一些负面清单关键词，关注一些裁判文书网站，凡是客户有了负面的新闻，或者有任何官司案件，都会触发提醒机制，信用管理人员收到了这些信息，需要第一时间采取行动。如某客户被别的公司控告欠钱不还，当财务人员收到这一信息时，需要及时采取行动，停止发货，催要货款，必要时尽快采取法律行动以保全财产（由于财产保全有先后顺序，更早采取法律行动有利于公司优先得到赔偿）。图4-6具体列示了动态实时监控的步骤。

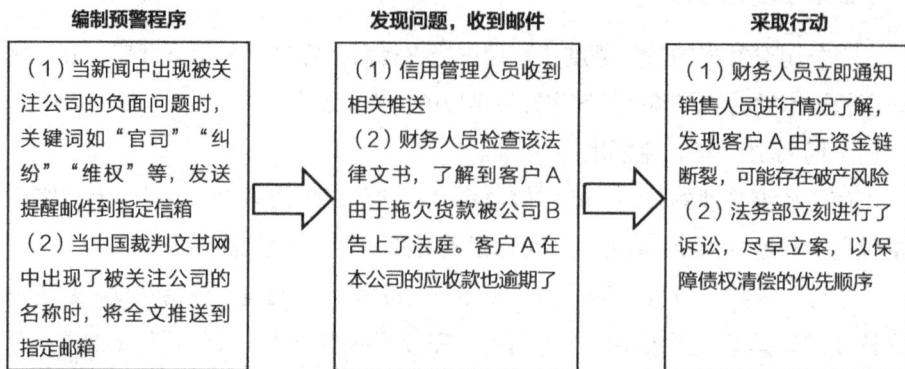

编制预警程序　　　发现问题，收到邮件　　　采取行动

编制预警程序	发现问题，收到邮件	采取行动
（1）当新闻中出现被关注公司的负面问题时，关键词如"官司""纠纷""维权"等，发送提醒邮件到指定信箱 （2）当中国裁判文书网中出现了被关注公司的名称时，将全文推送到指定邮箱	（1）信用管理人员收到相关推送 （2）财务人员检查该法律文书，了解到客户A由于拖欠货款被公司B告上了法庭。客户A在本公司的应收款也逾期了	（1）财务人员立即通知销售人员进行情况了解，发现客户A由于资金链断裂，可能存在破产风险 （2）法务部立刻进行了诉讼，尽早立案，以保障债权清偿的优先顺序

图4-6　利用网络技术进行动态实时监控的流程图

3.事后管理追踪

当货物发出并确认了销售收入后，就形成了应收账款，我们将在下一小节中详细讲述应收账款的管理。

4.5.2　销售回款的管理

销售回款的管理可以从以下几方面进行。

1.应收账款账龄管理

对财务人员来说，应收账款账龄管理是十分有效的一种管理手段。为了让大家全面了解应收账款账龄管理，先介绍应收账款的账龄是如何产生的。

（1）应收账款账龄的产生。

在货物发出并确认收入后，应收账款就产生了，应付账款被支付的时间延长，就有了账龄。由于应收账款在不断发生，而客户也在持续支付应付账款，如何确认应收账款的逾期账龄（Outstanding date）通常有以下两种方法。

①个别认定法：当客户将款项支付给公司时，特别告知公司支付的是哪几张发票的货款，应收会计会根据客户的提示，将收款与应收账款进行匹配，即

一对一的方法。

②先进先出法（First In First Out，FIFO）：当客户支付货款时，从账龄最长的应收账款开始匹配，而未被支付的就是时间较近的应收账款。

（2）应收账款账龄的管理。

财务人员需要定期分析应收账款的账龄，当发现长期未回款及逾期账款时，及时通知销售部门采取行动，包括但不限于：销售人员电话催收、上门拜访、发催款函、发律师函、仲裁和诉讼等。

2. 应收票据的管理

应收票据是比较有特色的一项金融工具。

（1）应收票据产生的原因。

除了正常信用期，客户为了延长支付时间。到了正常的付款期，会给供应商开一张承兑汇票，这样付出资金的时间最长可以延迟 6 个月。

（2）承兑汇票的种类。

承兑汇票通常有两种类别：银行承兑汇票和商业承兑汇票。银行承兑汇票是由银行背书的汇票，到期后，银行必须无条件支付，一般不能收回的风险较小。商业承兑汇票由公司背书，到期后由出票公司承兑，相对来说风险较大。

（3）承兑汇票的处理。

拿到承兑汇票的公司有三种选择。

①持有至到期：到期后承兑，公司承担应收票据的时间成本。

②背书给供应商：采购部门与供应商进行谈判，让供应商尽可能接受承兑汇票，这样将应收票据的时间成本转嫁给供应商。

③贴现：当公司急需现金时，将承兑汇票进行贴现，这时公司就自行承担了承兑汇票的时间成本。

（4）对承兑汇票的管控。

对承兑汇票的管控分为如何收、如何管、如何兑三个方面。

①承兑汇票的收取。

银行承兑汇票。不同银行的承兑汇票在市场上有不同的评级，进行贴现的难易程度以及贴现率不一样。不少公司会对客户提供一份银行承兑汇票黑名单，不收取名单内的银行承兑汇票以控制公司自身的风险。

商业承兑汇票。风险比银行承兑汇票更高，以公司的信用为担保。如果公司没了信用，商业承兑汇票就成了一张毫无价值的废纸。

②承兑汇票的管理。

在 2017 年之前，大部分的承兑汇票为纸质承兑汇票，背书和流转的过程复杂。2017 年后，国家大力推广电子承兑汇票，承兑汇票的最长期限为 6 个月。电子承兑汇票解决了背书过程中的问题，也减少了纸质票据在流转过程中的保管风险。

不管纸质票据还是电子票据，记账和实物保管（纸质票据需要保管实物，电子票据则需要保管 U 盾）的岗位职责需要分离。

③承兑汇票的兑付。

公司应该在承兑汇票到期日前 1~2 天提示付款人付款，以便在到期日能及时收回相关的款项。

当到期的承兑汇票未实现兑付时，财务人员应该尽快通知销售人员进行催收，同时将应收票据转换为应收账款。

3. 定期对账

为了确认债权债务关系，避免长时间账务不清对应收账款回收造成影响，公司一般每年都需要与客户至少进行一次书面对账，如果有差异及时查找原因，采取行动，进行处理，以保障应收账款的准确性。

4.5.3　逾期货款的风险及其应对措施

在应收账款超过一定的时间仍然没有收回时，公司有必要采取一系列的措施应对。

1. 货款跟进的责任部门

货款跟进的责任部门有业务部门和财务部门。销售回款是业务人员和财务人员共同努力和推动才能达成的结果。

2. 逾期货款催收的手段

在货款逾期后，公司可以采取的催收手段一般有以下几种。

（1）发送催款函。财务部可以以邮件的形式通知客户，请其及时付款。同时需要业务部的同事积极与客户联系，了解清楚款项未被支付的原因，协商具体回款的时间。

（2）现场催收。对于金额较大的应收账款，公司可以采取派业务人员到现场进行催收的形式，在催收专员锲而不舍的长时间的努力下，款项能比较顺利地收回。

（3）发送律师函。发送律师函十分有利于收回应收账款，但也会影响与客户之间的关系，导致不能与客户合作，甚至是不能与客户所在的集团体系合作，因此公司需要作一个综合的评估，谨慎采取此种方法。

（4）非诉讼催收。一些律师事务所会承接非诉讼催收的案件，按照实际收回的款项的一定比例提成。律师通过谈判，对现在有经济困难但是有还款意向的债务人，进行还款的展期，与债务人达成还款意向，债务人按照还款计划约定书进行后续的还款。

（5）法律手段。进行诉讼或者仲裁，但有时候即使胜诉，由于客户无可执行的财产，公司最终也无法收到相应的款项。

3. 计提坏账准备

为了真实反映公司财务状况，对一些无法收回的应收账款，应该提取坏账准备。

坏账准备的计提方法有余额百分比法、账龄分析法、销货百分比法和个别认定法。具体的定义及操作大家可以参考相关的会计书目。

在这里我想提的一点是，有些上市公司会虚构销售收入来达到粉饰报表的目的，由于这些"无中生有"的销售收入是无法取得实质性的款项收回的，因此后期可能会出现大量的坏账准备。

🔍案例 4-9　应收账款的管理

在 2022 年科创板首次公开募股（Initial Public Offerings，IPO）的现场检查中，晶禾科技的一些特殊数据引起了中国证券业协会现场检查组的关注。

现场检查结果

（1）应收账款余额超过当年销售收入的 100%。

在报告期公司三年的主营业务收入分别为 9 364.73 万元、12 930.24 万元和 17 621.84 万元，其应收账款账面余额分别为 11 327.17 万元、14 052.10 万元和 20 549.80 万元，应收账款余额实际上已经超过了当年主营业务收入。

（2）放宽信用政策。

根据现场检查，晶禾科技存在对两家客户大幅放宽销售信用政策的情况，上述两家客户未按照合同约定及时支付货款，但晶禾科技未停止对其发货。

（3）未计提坏账准备。

公司对其中一家客户三年的销售额分别为 2 346.38 万元、3 165.23 万元和 5 470.11 万元，2021 年末应收账款金额为 9 110.04 万元，未单项计提坏账准备。

分析

基于现场检查结果，我们从公司风险和内部控制的角度来分析。

（1）应收账款占比大。公司的运营需要有资金流的支撑，如果一家公司当年的应收账款大于销售收入，则说明公司当年投入的资金都无法变成现金流回到公司，会给公司带来巨大的资金压力，没有新的资金能够注入公司维持生产，公司的可持续经营能力存疑。

（2）信用政策管控。每个公司都需要在信用政策和新的业务增长中寻找一个平衡点，晶禾科技的信用政策太过激进，过于追求销售收入的增长而忽略了信用风险。在客户未按照合同约定付款，违反了信用政策的情况下，公司非但没有采取积极有效的措施尽快收回款项，反而不断地给客户发货，累积的应收账款越来越大，不得不让人思考公司对风险管控的有效性。

（3）坏账准备计提的方法。通常公司需要有一个完善的坏账准备计提政策能够在执行层面合理地估计相关的款项不能收回的风险，这个计提方式需要披露在财务报表的附注中。计提的坏账准备的合理性不是公司说了算，而是需要与公司所处的行业相似的企业做对比。针对晶禾科技其中一家客户的应收账款，公司 2 年前的货款都没有完全回收，给公司带来的风险较大。种种迹象表明该公司有计提坏账准备的必要性。

结论

健康的现金流、适合公司发展阶段的信用管控制度以及合理的坏账准备计提方法，是保障公司持续经营、健康发展的有力工具。管理层需要对此进行合理规划，设定行之有效的管理制度，以保障公司的健康运营。

🔍案例 4-10　销售收入的疑惑

如今造假的手段层出不穷，审计师将查找造假的方向越来越推向细节，其中有一个比较常用的方法就是查看公司的用电量是否与产量保持一致，销售收入和生产可以造假，但是用电部门不会配合公司制造假的电费单，因此查看两者是否存在线性关系，也能从侧面证实销售收入是否真实。

以案例 4-9 中晶禾科技相关资料为例，在本次现场检查中，检查组也提出了公司用电量为何与产量差异较大（如图 4-7 所示）的疑问。晶禾科技解释，生产的产品种类不同造成了用电量的变动方向与产量变动方向相反。

项目	2021 年	2020 年	2019 年
用电量 / 千瓦·时	40.93	19.41	16.73
用电量增长比率	111%	16%	无数据
产品产量 / 件	28 373	42 198	16 954
产品产量增长比率	−33%	149%	无数据

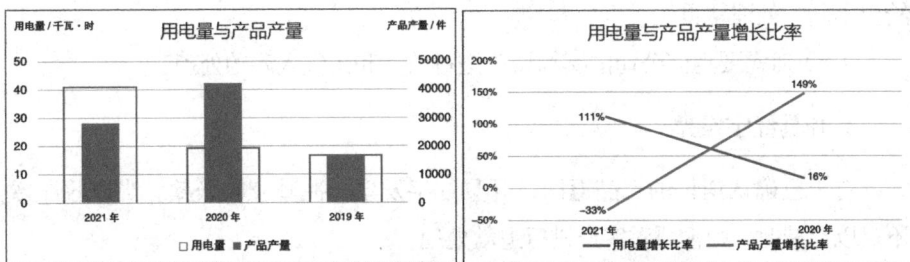

图 4-7　晶禾科技用电量与产品产量对比图

事实究竟如何这里不作评判，但检查中但利用用电量和产品产量的关系对销售的真实性进行验证不失为一个很好的思路和方法。

4.6　销售退货的风险及其把控

商品出售后由于各种原因会产生退货，本节重点关注销售退货的风险控制，从一般销售退货的内部控制要点及出口货物销售退回的风险及其处理两个角度来阐述销售退货。

4.6.1　一般销售退货的内部控制要点

当因为质量问题或其他因素退货，需要把控好以下几点。

1.适当的审批授权

（1）了解客户退货的原因，询问客户是否可以通过维修或折扣解决。

（2）对退货理由的合理性进行判断，如果退货是由于质量问题，进行必要的检测。

（3）将符合退货标准的请求提交公司领导审批。审批完成后才能进行退货处理。

2.实物资产的处理

（1）实物资产的处理方式有：就地报废、退回公司。根据实物的不同情况给出不同的处理意见。

（2）对需要返回公司的实物资产进行收货和系统入库的处理。

3.开具红字发票

对于已确认销售的产品退回，开具红字发票，冲减应收账款。当应收账款不足以冲减时，则需要对客户进行退款处理。

4.退回实物的处理

根据实物的状态，判断退回实物的处理方式：进行维修返工再销售，或视为备品，为维修其他实物提供部件。

4.6.2　出口货物销售退回的风险及其处理

由于出口货物的退运涉及海关、税务、外汇管制等问题，因此所面临的风险和问题比一般境内贸易更多。除了处理好公司内部的流程，还需要注意以下合规问题。

（1）退运时限：外销商品退运有时间限制，在规定期内退回的商品免征关税和增值税，超期补缴。

（2）退运的要求：原状退运进境，指出口商品退运进境时的形态应与出口时的形态基本一致。

（3）退运理由：货物品质或者规格原因，根据财政部、海关总署、税务总局公告 2023 年第 4 号，电商 6 个月内滞销的货物也纳入了退运范围。

（4）退税处理：对已出口退税的货物，公司需要到税务局办理补税手续。

由于出口货物销售退回限制严格，而且涉及很多合规问题，企业在具体操作时需要按照政策和流程进行。一旦涉及偷税、骗税等违法违规行为，后果严重。

4.7　售后服务

在质保期内发生的售后服务会构成企业的一项成本，而超出质保期发生的售后服务，会变成企业的一项收入的来源。本节分两点来介绍提供售后服务可能会面临的风险及相应的应对措施。

4.7.1　在质保期内的售后服务

质保期内，企业需要保证产品的质量，在此期间发生的产品问题导致的维修费用，都会变成质保期的成本，计入企业的费用。

1. 对质保期质量问题的认定

（1）认定的目的：判定质量问题是由产品本身质量引起的还是由使用不当引起的，企业是否需要对该质量问题承担责任。

（2）涉及的部门：由于售后维修涉及费用的发生，质保期内发生的质量问题，需要由质量部门进行判定，同时还需要由售后部门进行监督，这样才能起到监督作用。

（3）维保材料的领用控制：仓库在收到审批后的维保材料出库单后进行维保材料的发放。

2. 维保费用的财务处理

企业可以根据历史发生的维保费用，结合目前的销售额进行维保费用的计提。

4.7.2　超出质保期的售后服务

超出质保期的售后服务会变成公司收入的一项来源，制定合理的售后服务价格，留存客户，维护客户，使售后服务变成公司的金牛产品。例如 4S 店卖车不一定赚钱，其主要的利润来源很可能是汽车的售后服务。

（1）售后服务的收入确认。公司应在完成售后服务收到款项后确认收入，同时归集提供相关售后服务所发生的材料及人力成本，一并进行确认，这样才能符合会计的匹配原则。

（2）售后服务回款。款项的收回需要做好相关的内部控制，防止舞弊的发生。特别是对一些使用现金进行收付的项目，更需要做好相应的职责分离。

🔎案例 4-11　4S 店维保服务的舞弊现象

在某 4S 店中，维保服务并不是标准的服务，对维修中所需要做的项目均需要跟客户进行确认，如果客户对工时进行质疑，4S 店也会进行适当的调整。

利用这个机会，4S 店的客服会先把一份价格较高的项目报价单给客户确认，一些客户会在此时同意相关的项目，并将相关的现金支付给客服。此时，客服会再到系统中作一部分的调整，将工时降低，生成第二份账单。第一份项目价格较高的账单提供给客户，第二份项目价格较低的账单上的费用是真实发生的费用，这当中的差价就会被客服收入囊中。

集团的内部审计在进行系统审计的时候，发现该 4S 店的价格调整的频率明显高于其他 4S 店，于是认真研究了价格调整的规律，发现所有的价格调整都发生在不需要开发票，且使用现金支付的客户身上，于是调取了相关的监控，发现了客服贪污问题。

据此次审计结果，该集团加强了对维保服务收款的管控，价格的修改需要经过双人复核和审批后方能进行。另外，要求所有客服不能接触现金，收款时需要带客户到出纳处进行款项的支付。客户收到账单后，需要在账单上签字确认，将已签字确认的单据作为公司收款的凭据。

4.8　内部控制融入销售提效增利

销售是企业的一切业务的开端，是企业的 "指挥棒"。从源头开始，利用好销售的顶层设计，能让企业提高资源效率，取得更大利益。本节针对在销售环节中能够提升效率、提高利润的控制点进行介绍。

4.8.1　从成本导向定价转向竞争导向定价

在激烈的市场竞争中，企业优势变得不明显，为了能够适应市场的竞争，制造出符合市场定价的标准的产品，企业的定价机制需要从成本导向转向竞争导向。

定价具体步骤如下。

①根据企业锚定的对标产品，进行价格的分析和市场战略的匹配，调整后确定相关产品的价格。

②将相关价格扣除企业的合理利润，得出相应的目标成本。

③结合企业内部的情况以及对对标产品的分析，将目标成本拆解成细分指标，让各个部门参与成本控制。

④材料降本。采购部通过谈判降低原材料的价格。研发部门通过分析，确认生产过程中是否可以减少材料用量，或使用更便宜的物料代替原有物料。有时对竞争对手的产品进行分析也有助于企业找到改善的方向。

⑤人工和制造费用降低。在产品生产过程中，寻找可以优化的空间。减少人员的无效动作从而提高效率，节约相关的燃料动力费，降低材料的损耗率和产品的报废率，是生产部、设备部优化的方向。在同等条件下，招到更便宜的工人，减少员工的无效工时，需要人事部配合完成。

按照以上步骤操作，有助于企业达到预定的目标成本，如果出现任何偏差，企业需要继续改进或者考虑对目标价格进行一定的调整。

案例4-12 从成本导向定价转向竞争导向定价

生产销售大型机械设备的外资企业A，在成立之初由于技术先进、产品质量过硬并且耐用，受到了市场的追捧，销售业绩连年上升。公司产品价格是按照相关的生产成本加上相应的利润制定的。公司公布相关产品牌价，代理商根据每年销售货物的多少以相应的折扣率进货并销售。

但随着时间的推移，该行业的进入壁垒逐渐被打破，越来越多的中国企业开始研发相同的产品，在成本降低的情况下产品质量有了很大的提高，客户开始关注国产品牌，并且因为性价比的原因而考虑采购国货。随之A公司的市场份额和销售收入都有不同程度的下滑，为了保住市场占有率，A公司开始反思自己的定价规则，通过对市场同类产品的分析，A公司决定将部分产品定价方法调整为竞争导向定价，以保住市场，应对对手的竞争。

在确定了对标产品的定价后，公司以该定价扣除相应的利润反推出需要达成的成本，对比目前的成本，确定了成本需要降低20%的目标。为了达成相应的目标价格，公司成立了项目小组，并且对目标成本进行了相应的分解。

研发部对产品的构造和部件进行细化识别，价格高的进口零部件如发动机和电机，以境内部件替代，进行替代性测试并完成相关的验证；对一些结构设计进行优化和改进，减少物料的使用；考虑对某些材料进行替换，以达到降低成本的目的。

采购部与关键零部件厂商进行价格谈判，争取到相关采购价格的下降和年度的返利。

生产部和精益部共同合作，对生产线的排布合理性进行重新规划，发现生产过程中有不少物料来回拉动浪费人力的地方，将相关的工位重新规划后，从前道工序转移到后道工序的时间变短，生产相应产品的工时减少，人员得到了更有效的利用，从而降低了成本。

质量部对生产过程中产生的不良报废或者返工进行了相应的分析，并进行深层次的挖掘，解决了相应的工艺问题，将报废率降低了一半。

经过三个月的努力，项目小组顺利完成了成本降低20%的目标，A公司生产出了一款足以应对竞争对手低价政策的产品，从而让自己在应对市场竞争中多了一张筹码。

很多改变不是企业自发的，而是被时代的浪潮推动的，企业如果不顺应市场的前进步伐作出相应的调整，很快会被市场所淘汰。

4.8.2 争取更准确的市场预测、更有利的收款条款等

1. 争取更准确的市场预测

不准确的市场预测会使企业备货不准确，导致一些货物不能及时被卖掉，从而导致资金的占用。如果产品最终无法销售还会产生呆滞的风险。精确的市场预测，有利于企业提高资金周转的效率。企业需要根据实际出发，归纳出符合行业特质的市场预测方法。

①根据历史规律总结预算经验。将经济周期、季节波动、历史预算与实际销售的差异考虑在内，得出相应的预算经验。

②善用市场数据。一些研究分析机构会出具行业市场调查、数据分析报告，企业可以利用这些市场数据判断整个行业的走势，从而预测自己的销售。

③利用内部的资源。销售部门是离市场最近的部门，让最了解客户的销售部门参与市场预测有利于修正预测中的偏差。

2. 争取更有利的收款条款

从客户处更快收到款项就能加快资金周转，提高资金的利用效率，在此过程中，是通过适当让利给客户争取更快的回款，还是争取更高的利润率，需要在资金周转和利润率之间找到一个平衡点。

3. 分析售后服务问题，降低维保费用

质量问题的分析、改善有利于降低维保费用，同样可以运用 4.7 小节中提到的帕累托法则，找出对维保费用影响较大的几个问题，逐一进行改善，以提高产品的质量，降低企业的维保费用。质量提高有利于促进产品的销售，这样就能形成一个完美的闭环。

第 5 章

成本控制提高效率和价值
——计划到生产

企业的价值在于对原始物料进行加工生产，产生增值。在管理企业的生产流程，提升企业的价值时，做好内部控制是必不可少的一个环节。本章将介绍生产过程中的内部控制，以及成本计算、管理的相关知识，以助力企业降低成本、提高效率，从而体现自身的价值。

5.1　计划到生产概述及存货分类

计划到生产（Planning to Production）是企业运营中较复杂的环节。要协调好材料、人工、产能、各种制造费用之间的关系，使企业在最短的时间内完成从原材料的采购到产成品的产出，从而提高资源的利用效率。

5.1.1　计划到生产的风险及其控制点

计划到生产的环节中，会有以下方面的问题和风险。

1. 物料的管理

（1）物料的到货。

生产的前提条件是具备物料，物料的到货时间尤为重要。物料如果晚到，公司无料生产，这时，机器设备的产能，以及生产线上的工人的工资，都被浪费了。

但是如果物料到得太早，这些存货就会堆积在仓库中，公司的资金也被占用，产生隐性的资金成本（这些资金如果用于理财，会产生一定的收益）。如果由于市场变化或者客户需求变化，这些物料不需要了，不仅毫无价值，还占用仓库的存储空间，增加成本。

（2）物料的领用。

在领用物料时需要符合一定的标准，满足一定的控制条件，否则无序发放物料，就会使公司的资产受到损失。

（3）物料的入库。

生产工单需要及时入库和关闭，以便妥善管理相应的物料。长期未关闭的工单会导致生产物料滞留在生产线上，导致潜在的丢失风险。

2. 人员的管理

生产过程中，人员的管理会直接影响人工的成本和人员的效率。合理规划排班，提供必要的培训，进行必要的人员激励，合理布局生产线，有助于提高人员工作效率。

3. 产能和效率的管理

根据公司的销售预测安排生产，计划安排的合理程度会直接影响公司的机器设备利用率、能源的消耗以及效率。在相同的时间内集中生产，使共用的设备能够满负荷地运行，就能较大程度地提高效率。

🔍案例 5-1　计划安排的学问

A公司接到的客户订单经常发生变化，生产计划也会随之变化。在某个月结账和财务分析中发现，当月的电费特别高，较上月增加了 25%，而公司的产出量较上月只增加了 10%。

针对这一现象，财务部的同事进行了分析。公司一共有三个车间，共用一套公共设备，此套公共设备运转所耗用的电量是整个公司总耗用电量的 43%。为了满足客户临时增加的新订单，计划部安排公司晚上增加一个车间的班次，这一个班次的产出只有三个车间全开的 1/3，扣除早晚用电的波谷价格差异，该班次公共设备的耗电量却和白天三个车间全开的几乎一样。

针对分析结果，财务部与计划部共同协调调整了相关的工单计划安排，将不急着交货的产品的生产延迟，空余出产能生产急交货的产品，从而取消了晚间开班。次月的动能费用又恢复到了原有的水平。

5.1.2　计划到生产流程图

为了使大家能更好地理解从计划到生产的各个环节，相关的流程如图 5-1 所示。

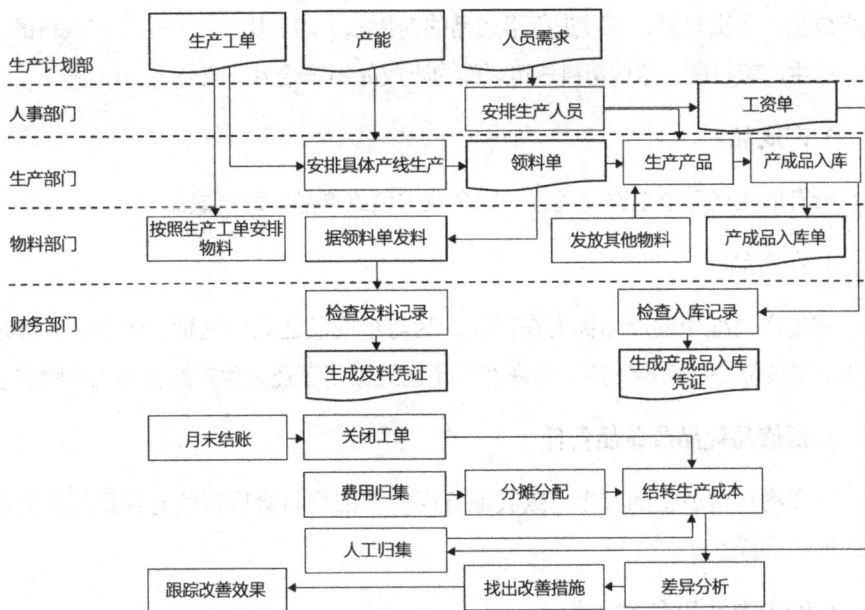

图 5-1　计划到生产流程图

5.1.3　存货的分类

生产中有几种不同类型的存货，这些存货在企业中的地位和扮演的角色不同。

1. 原材料

企业生产产品时所需要使用的物料统称为原材料，大到一些高价的零件，小到螺丝螺帽、包装材料，只要是出现在物料清单（具体解释可参考 3.1.3）中的物料，都是狭义范围内的原材料。

2. 半成品

常见的一种情况是，企业的生产工艺复杂，需要进行多步骤多车间的生产，前一个车间生产出的产品，会作为后道工序车间中的材料。为了能核算清楚相关的成本，前车间生产出的产品会以半成品的形式入库。后续车间在生产时，会从仓库中领用相关的半成品。

还有一种情况，有些产品既可以继续加工，又可以当作产品，这时也需要设置半成品。当出售时，直接进行半成品的销售和出库。比如，一个生产饮料的公司，也生产塑料瓶，这些塑料瓶可以作为半成品销售给另一家公司。

3. 产成品

所有的生产环节全部完成，形成企业的最终产品，即产成品。

4. 在产品

在生产过程中的产品称为在产品，其与半成品之间的区别在于有没有办理入库。半成品完成后会入库，而在产品是已经领用了还在生产线上加工的物料。

5. 低值易耗品及备品备件

不在物料清单上的、生产或其他方面需要的物料会以低值易耗品或备品备件的形式进行管理。

6. 发出商品和在途物资

当产成品发出给客户，还不符合销售收入确认的条件时，这些产成品称为发出商品，如在税后交货（Delivered Duty Paid，DDP）条款下，还在海上运输的产品。当供应商已经将原材料发出，企业还没有接收的时候，原材料记录为在途物资。

5.2 存货的出库管理

有关内部控制的书提及，只要按单发料就能做好存货的出库控制。但按单发料却难倒了很多企业，本节主要探讨存货的出库管理。

5.2.1 生产物料的出库管理及其控制要点

1. 按单发料

这里的"单"是指工单，生产计划部根据需求安排生产，工单根据产品的物料清单生成。有人会问：仓库物料部只要按照单子将物料发给生产计划部不就可以了吗？

如果生产一个产品需要使用上千个物料，大到一个发动机，小到一个螺丝，每种物料都要配齐后发给生产部门，恐怕一个仓管员一天也发不出几个产品的物料。针对以上问题，可以将物料划分为关键性物料和非关键性物料。

（1）关键性物料。

按照帕累托法则，在建立 BOM 时，将上千种物料进行划分，识别出关键性物料和非关键性物料，在系统中进行标识。关键性物料往往价值高，对产品的成本影响较大。仓库在进行管控时，对关键性物料必须按单发料，发出的物料的数量必须与工单数量相匹配。

（2）非关键性物料。

对于非关键性物料，可以批量领用，如螺丝、螺帽等。对这些物料不进行一对一的控制，生产线上可以使用看板对其进行控制，当物料消耗到一定程度时及时补充，这样能够提高仓库发料的效率，使生产能够顺利进行。相关部门可以定期对非关键性物料进行盘点，确认盈亏，在一定程度上对非关键性物料进行管控。

2. 替代物料

企业在实际生产过程中，经常会产生替代物料，这会影响到企业的生产和成本的核算。产生替代物料的原因主要有以下两种。

（1）工程变更通知（Engineering Change Notice，ECN）。

由于设计变更、材料更新换代、降低成本等各种原因，发生了物料的变更，生产某产品的某个原料被替代了。

ECN 的管理体现了一家企业对存货管理的水平。当需要变更物料时，研发、采购、计划、生产、物料等部门必须通力合作，确认切换时间点，将原物料尽可能地消耗，以降低原物料呆滞的风险。

①研发部门：发 ECN 给相关部门，组织相关部门进行变更前准备。

②物料部门：归集所有涉及需要变更的物料的库存情况，提供给采购、计划、生产等相关部门以供决策。

③计划部门：根据目前原物料的库存情况及产品的需求情况，预计生产到何时能完全消耗原物料。

④采购部门：根据新物料供应商的交期，确认最早何时进行新物料的采购。

⑤生产部门、计划部门、仓库部门：当系统中的 BOM 变更成新物料后，计划部门在下生产工单时，手动将相关的物料修改成原物料进行替代消耗；仓库部门和生产部门核实后领取原物料进行生产直到消耗完为止。

⑥项目组确定切换时间点，排查原物料的实际情况，最终确认切换完成，形成项目闭环。

以上过程能够协助企业规避原物料呆滞的风险，在实际操作中，需要避免因信息传递不充分、工作疏忽等，原物料未被消耗，直接切换成新物料的情况。图 5-2 分析了两种不同的处理方式对物料切换的影响。

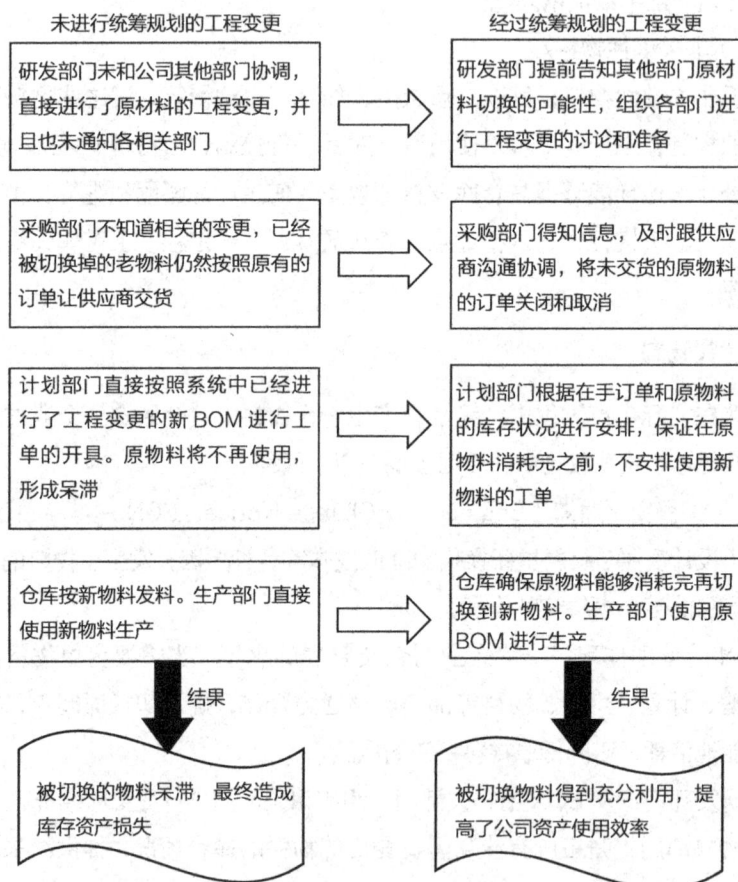

图 5-2　两种不同的处理方式对物料切换的影响

（2）临时替代。

由于某物料没有能够及时采购，而企业又急着生产和出货，在这种情况下，如果企业有其他物料可以替代该物料，则需要进行工单的更改，将替代物料加入工单中，并剔除缺少的物料。这样能够较好地进行实物的管控。

总之，好的生产物料出库管理可以实现精确的成本核算和有效率的存货管理。这是每个企业努力的方向。

5.2.2　物料的领用及其控制

部门如需使用相关的物料，会进行领用，这些物料就会按照其价值变为部门的费用。为何要对这部分物料进行管理？从账务处理的角度讲，领用的物品已变成了费用，后续系统无法再对这些物料进行追踪。所以，对物料领用的合理性，需要进行严格的审批。

1. 适当的审批授权

审批非生产物料的领用主要分为业务审批和财务审批。

业务审批需要部门的负责人对该笔物料领用的合理性、业务的实质进行确认。财务审批需要对相关费用发生、是否由合适的有权人审批（如领用超过一定金额需要由更高层次的领导审批）等形式上的要件进行审核。

2. 领用物料的合理性

领用物料的合理性在实际工作中需要被重视，如果对情况的判断不准确，很容易造成公司资产的流失。对领用物料的性质、数量、用途等，部门领导需要进行严格把关，不合理的领用不予批准。

5.3　科学管理人力降低成本

在生产管理中有一个问题是需要思考的：生产一定数量的产品使用多少人力是合理的？如果没有合理的管理衡量体系，那么招人的计划可能被生产负责人控制。确定合理的人员数量，通过内部控制来提高人员效率是本节要讨论的内容。

5.3.1 确定人员需求的原理

1. 工艺路线（Routing）

在 3.3.1 节中，曾经提到了一个概念，叫作工艺路线（Routing），主要包括物料的实际加工和装配的工序，每道工序使用的工作站，各项目时间定额。

工艺路线贯穿计划排产、成本计算的始终。它可以协助我们进行以下工作。

（1）产能分析：每个工作站（如一台机器每天可以开 24 个小时）的可利用时间是一定的，生产每个产品的时间通过工艺路线确认（如每个产品需要在该机器上加工 1 小时），那么能计算出该工作站的最大产能（每天生产 24 个产品）。

（2）成本计算：根据工艺和工序的先后，在各个不同工序之间进行成本结转。

（3）确定人员需求：在每道工序中区分所需要的机器时间，或者人工时间，当确认了生产需求（如需要生产 24 个产品），就可以根据工艺路线中对人员定额时间的安排计算出所需要的直接人工工时。

2. 确定人员数量需要考虑的因素

通过工艺路线和生产排产，得出一个生产计划所需要的理想工时，在这样的情况下，还需要把理想工时转换成实际可执行的工时和人员需求。

上述理想的工时是基于员工不需要休息，满负荷地完成所有工作的情况。实际情况下，我们还需要考虑以下因素。

（1）有效时间率。员工需要有一定时间休息吃饭，而不是像机器一样 24小时地转动。因此，在估计工时时，应该根据经验对出勤时间进行折算。

（2）员工的熟练程度。公司如果由于扩大产能，突然大批量招聘员工，这些员工在工作的初期对相关的业务是不熟练的，因此，需要考虑学习相关知识所耗费的时间。

（3）异常时间。在员工进行生产的过程中，可能会发生机器损坏、工具异常等浪费工时的情况，在这种情况下，应该根据历史的异常时间，进行一定比例的工时调整。

（4）其他辅助人员。公司中除了产线上的工人，还存在各种辅助人员，如生产中负责管理的小组长、班长，检验员，进行物料出入库的搬运人员，等等。

这些工作大部分属于不增值的工作，但是是生产环节中不可缺少的，负责这些工作的人员的工时需要控制在合理的范围内。

5.3.2　协同打造有效率的人力安排

看到这个标题，一些财务人员会问，人力安排为何会和财务有关系？这不是人事部门应该干的活吗？招人、用人确实是人事部门的工作，但是对如何安排人员的工作计划，如何开班、每班安排多少小时的加班等问题，不了解生产的人事可能还真的无法搞定。

1. 为何要进行有效的人力安排

内部控制的职能之一是提高效率，这也是体现财务价值的地方。财务运营业务伙伴（Business Parter，BP）跟生产的负责人配合，能够以数字支持决策，以决策促进分析，形成一个良性的循环。

2. 有效安排人力需要考虑的因素

（1）人员的加班时间。

在公司订单不多的情况下，公司现有的生产人员能在 8 个小时内完成所有的订单，此时，公司不用支付加班费。但随着订单量的增多，工作 8 小时已经无法满足交货的需求了，这时候会安排生产人员在工作日加班，公司支付的加班费是正常工资的 1.5 倍。当订单继续增多，公司需要安排周末加班，这时的加班费是正常工资的 2 倍。由于雇一个新的员工需要支付固定的工资及缴纳社保等费用，公司则需要计算，究竟是让员工加班付出的成本更低还是额外招人的成本更低。这两者之间有一个平衡点，超过一定标准，额外招人的成本更少。

案例 5-2　加班还是招人

A 公司最近一段时期的订单剧增，导致生产线上的员工加班很多，由此带来的加班费也急剧上升，为了控制费用和分析生产效率，财务部进行了各方面的分析。

（1）对比加班成本和招人的固定成本，当加班小时超过 3 604 小时，招聘员工的成本低于让员工加班的成本。

（2）根据目前业务来判断，在后续期间订单数量依然会维持较高水平，甚至有上升的趋势。

（3）为了以后的业务发展，需要将生产人员的操作熟练度进行提升以应对之后更加紧张的交货节奏。

根据以上分析，A公司决定再开一班（晚班），同时招聘人员以提升产能。图5-3为加班与招聘人员成本的比较图。

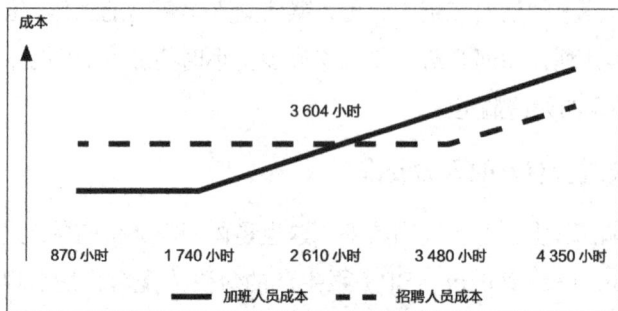

图5-3　加班与招聘人员成本比较图

（2）学习曲线影响。

长期趋势下公司业务扩张，需要招聘新的员工来进行班次的轮换，在公司每次进行人员的招聘开设新的班次时，学习曲线会短时间内对人力成本产生影响。此时，需要对员工进行强化培训，规范相关的操作流程。随着人员的稳定，工作安排的固定，人力成本会呈现下降的趋势。图5-4展示了学习曲线对人力成本的影响。

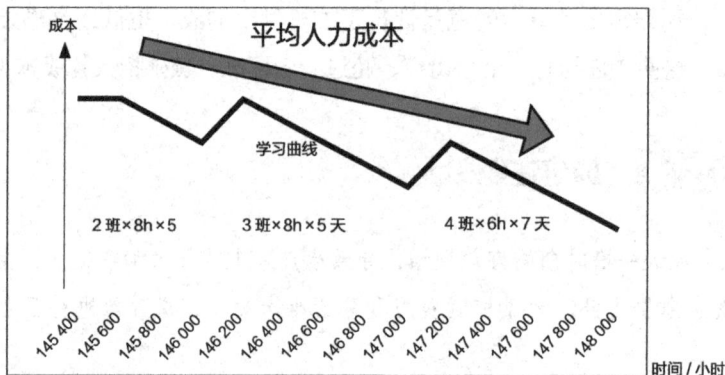

图5-4　学习曲线对人力成本的影响

5.4　成本差异分析，以数据提升效率

企业成本控制，最关键的部分就是对生产成本进行分析和管控。向生产要效益，效益藏在生产中。本节就如何管理成本、分析成本，如何使用相关的数据进行管理控制进行详细的分析。

5.4.1　完工入库的控制

当计划部的工单录入系统后，生产部根据工单到仓库领用相关的物料，此时生产就开始了。工单从下单开始，到产品入库的时间越短，其占用的资金成本就越少，生产越有效率。工单的完成还有助于更有效地进行物料管理关系到生产的效率、对物料的管理和控制。

1. 及时入库有利于降低物料的保管风险

当工单完成发料以后，相应的物料就会从仓库的管理区域转移到生产区域。大多数公司的仓库由专人管理，有一个相对封闭的区域，有利于物料的妥善保管。当物料发到生产部门后，生产区域相对开放，对物料的管理环境和条件没有仓库那么好。如果领用的物料没有及时生产，剩余的物料没有及时入库，就会产生搁置在产线边的物料被挪用或者遗失的风险。

🔍案例 5-3　成本为何突然变高？

某公司使用实际成本法进行成本核算，该公司的 A 产品市场销量较好，生产一直处在连续开工状态，上一张工单对应的产品还没有完工入库，下一张工单又下达了。在很长一段时间里，A 产品的成本都保持比较稳定的状态，直到有一天 A 产品的订单减少，在当月核算成本时，成本会计发现 A 产品的成本一下子上升了约 3 倍，进一步调查，发现当月开具的工单需要制作 1 000 个产品，可实际只生产了 320 个。成本会计到生产线上了解情况，才发现 A 产品的制作工艺较难，因此产生了超过一般标准的报废率，但由于一直有新的工单，因此生产线上就将下一张工单对应的原材料挪用到本次生产中，从而导致超标的报废率没有被真实反映，直到最后工单不再连续，没有下一张工单对应的物料可以

挪用，所有积攒的问题才一次性爆发出来。图 5-5 列示了相关的原材料挪用详细情况。

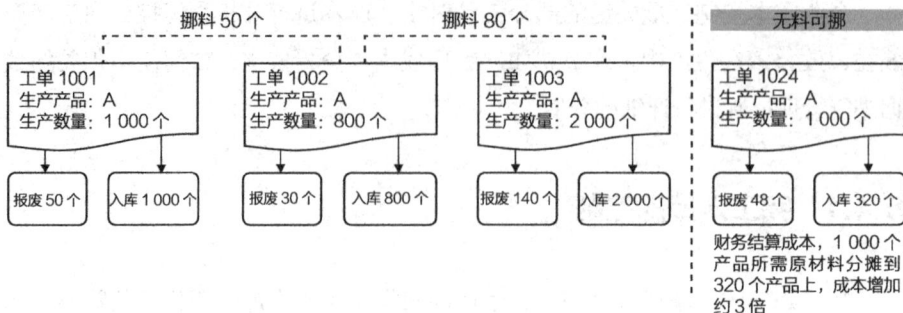

图 5-5　原材料挪用示意图

结论：发现该问题后，财务部再进行毛利核算，发现 A 产品收入扣除报废损失后，该产品生产销售实际处于亏损状态。

影响：由于这个问题没有及时被发现，既没有通过调整售价将相关的成本差异弥补回来，又没有通过生产工艺的改善降低相关的报废率，公司白白承受了此笔损失。

通过对 A 产品以上内部控制问题的分析，公司进行了如下改进。

（1）对工单关闭提出了更高的要求，完工产品及时入库，避免下一张工单对应的物料被挪用。

（2）控制工单开具的时间点，原则上要求上一张工单对应的产品完工入库后，再开具下一张工单。

（3）月底对尚未完全完工的工单进行在产品存货盘点，确认物料与账面上工单物料的一致性，发现任何差异及时调整。

（4）对生产部提出要求，严禁挪用其他工单物料进行生产，生产中产生的报废情况需要及时反馈，以便公司工艺或研发部门及时参与改善，以降低报废率。

2. 工单物料的匹配性

工单一般是根据产品的物料清单开具的，当工单中的物料发放完毕，产品生产完工入库，系统会根据物料的领用情况进行成本的核算。通常系统对物料的成本进行计算的方法有两种，一种是根据工单的实际发料计算成本，另一种是采取倒冲（Backflush）方式进行成本核算。两种计算方式各有利弊，下面

——介绍。

（1）根据实际发料计算。

在本方法下，物料根据工单领用发放，当产品完工入库时，根据实际领用的物料计算成本。

这种方式的优点是：将控制做在前面，原则上在工单关闭前，需要对工单中的发料进行检查，找出差异的原因，物料多发会导致成本升高，物料少发会导致成本降低，解决相关差异后再进行工单的关闭。

这种方式的缺点是：需要大量的人力在工单关闭前对工单进行检查，如果检查不到位，就会使成本发生偏差。

（2）倒冲法。

倒冲法是指在工单结算时，将在产品仓的原材料，按照物料清单中的数量结转到产成品中。

这种方式的优点是：在物料复杂的情况下，有利于快速完成工单的结算，使产品的成本与物料清单上的成本更接近。

这种方式的缺点是：物料的结转成本与实际发料成本存在差异，如果后期没有人检查原因和定期维护，会使实际成本与结算成本差异大，在产品中的差异也会导致账实不符。

如果原材料未领，在产品中的原材料被倒冲后会产生负数，为了防止此类情况的发生，可以对系统进行设置，不允许出现负库存。

案例 5-4　缺料的时候需要结账怎么办？

某公司采用成本倒冲法进行材料成本的结转，生产一个 A 产品，需要物料 B、C、D，其中 D 是额外插装在机器上的一个零件，可以单独进行组装。由于客户急需 A 产品进行安装，在缺少 D 物料的情况下，客户要求先将其他完工部件发到指定地点进行安装交付。公司在发货时遇到了以下困难。

（1）系统中无 A 产品可发。A 产品的库存金额为 0，只有将 A 产品进行完工入库后，才能进行发货的操作。

（2）A 产品无法完工入库。由于缺少 D 物料，因此无法发 D 物料到产品工单中。进行倒冲领料的时候会出现负数，由于系统不允许出现负数而报错。

为了解决相关的问题，让 A 产品能顺利发料，同时让成本结转正确，财务部提出了以下解决方案。

（1）IT部配合在系统中建立一个虚拟仓库，这个仓库暂且叫"缺料仓库"，该仓库允许负数库存的存在。

（2）缺少的D物料可以从"缺料仓库"中调拨到在产品工单中，这时，D物料在"缺料仓库"中的数量是-1，而在产品工单中的D物料的数量变成了+1，这样，就能进行倒冲结转成本，成品入库后就可以进行发货处理了。

（3）当D物料到达公司后，可以将物料放入"缺料仓库"中，这样就将"缺料"填平了，将实物发给客户后，系统的成本结转问题、发料问题、缺料问题都得到了顺利的解决。

有时候，解决问题需要有创造性思维，财务人员要跳出固有的框架思考问题，让自己的思考和解决问题的能力为公司提供价值，使财务变得更有价值。

5.4.2 成本差异分析为业务提供改善方向

本小节以较多公司使用的标准成本为基础展开。

成本会计除了每月进行成本的核算外，较有价值的工作就是对成本差异进行分析了。下面就来介绍一些成本差异的概念。图5-6为标准成本构成示意图。

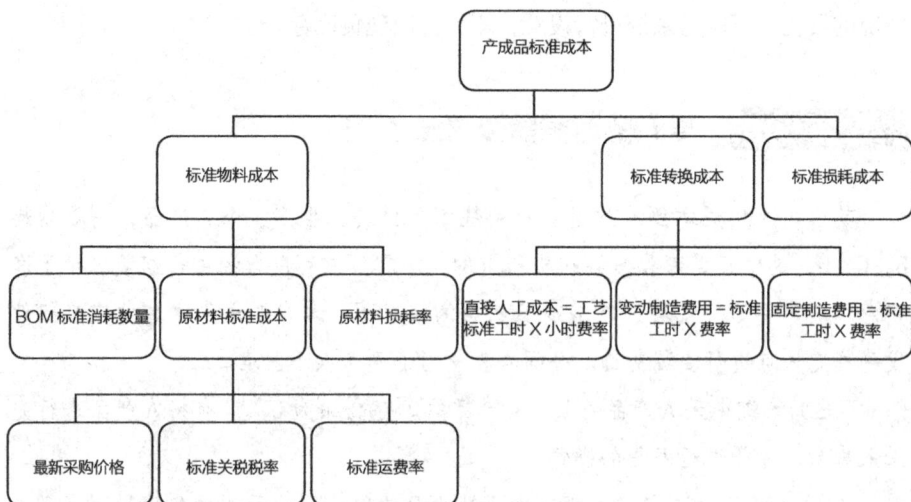

图5-6 标准成本构成示意图

产品成本主要由物料成本和转换成本构成，同时会有少量的损耗成本。转换成本又分直接人工成本、变动制造费用和固定制造费用。在实际使用标准成本做每期的成本核算时，必然会出现实际发生的成本与标准成本存在差异的情况，而成本分析的价值就在于找出引发这些差异的原因。

1. 原材料成本差异

（1）原材料成本的价格差异。

从图 5-6 可以看出，原材料标准成本由三部分组成：采购价格、关税税率和运费率。价格差异也可以这三个角度进行分析。

①原材料采购价格差异（Purchase Price Variance，PPV）：原材料的标准价格和采购价格之间的差异。公司根据市场的变化，定期更新原材料的标准价格，通常为一年、半年或一季度一更新。实际采购价格与标准价格之间产生差异，就会产生 PPV。产生 PPV 的原因有多种。

●供应商调整了价格。

●原来供应商停止供货，切换到新供应商，价格发生了变化。

●采购单价为外币，由于汇率发生变动影响了本位币价格。

●原材料本身设定了阶梯价格，采购量变化触发了阶梯单价的变化。

由于价格有涨有跌，公司通常更关注价格超过标准的部分，即"不利差异"。对此差异，有以下解决方案。

●与供应商进行价格谈判。

●对外币应付款进行套期保值。

●对采购量进行评估，根据分析判断是否"以量换价"。

②关税差异。一般特定产品的进口关税税率是固定的，只有遇到特别事件该数据才会改变。

③运费差异。受客观因素影响，运费有涨有跌。当运费的价格差超过一定比例，公司需要启动分析和谈判机制，如下。

●是否可以跟供应商或客户谈判双方一起承担相应的运费差价。

●计算由于运费上涨公司的利润减少甚至亏损的比例，并与违约金相比较，考虑是否可以支付违约金而放弃交货，以减少损失。

（2）原材料的量差。

原材料使用差异（Material Usage Variance）是成本分析中的重要组成部

分，每个走精益之路的公司都会思考在保证质量的前提下如何将原材料的使用量减少到最少，以最大化地节约成本，提高利润率。

以下因素会影响原材料的使用。

●生产过程中的报废率与标准报废率产生偏差。

●工艺的改进使原材料的使用量发生变化。

●由于 BOM 的数据与实际的生产数据不符而产生的差异。

为了能够使量差朝更有利的方向发展，可以采取的措施有以下两点。

●调查报废的原因。如果是生产设备的原因，及时调整生产设备；如果是人员熟练度的问题，及时提供培训；如果是原材料本身的问题，需要与供应商谈判进行索赔。

●对于 BOM 的数据出现的差异，调查清楚原因，如果是 BOM 的原因，及时进行修改。

案例 5-5　BOM 的差错使公司白花钱

A 公司在年终盘点的时候盘盈了近 20 万元的密封条，于是进行了调查。BOM 中有密封条的存在，计划部门按照销售预测进行运算，并下单购买。由于密封条属于低价值物料，通常到了工厂后就直接记入线边物料管理，缺乏管控。在对生产的过程进行调查时发现生产部从当年下半年开始就没有使用过密封条：原来研发部为了节约公司的成本，将相关的密封条设计到了原材料的门板上，要求供应商提供贴好密封条的门板，因此公司内部不需要再进行密封条的加工。但是由于研发部的疏漏，忘记将 BOM 中的密封条删除，导致公司半年内购买了 20 万元不需要使用的物料。

发现这个问题后，公司梳理了 BOM 的变更流程，要求所有的变更必须通知各个部门，并且在系统中完成 BOM 更改审批后，才能要求供应商进行变更。

盘盈的 20 万元密封条以成本价销售给了供应商，避免了公司呆滞物料的损失。

2. 人工成本差异

人工成本差异也分为价差和量差。5.3.2 小节中，我们已经详细介绍了量差，即人员的效率问题，这里就不赘述了。价差取决于以何种价格能够招聘直接人员。这部分的工作则有待人事部进行提升。人事部可以根据市场的标准、人员的技能和熟练程度等，招聘更有竞争力的人员。

3. 制造费用差异

制造费用分为固定制造费用和变动制造费用。

（1）固定制造费用。

固定制造费用通常指跟产量无关的、固定发生的费用，如厂房设备的折旧、供应链的管理行政人员工资等。这些费用，在一定范围内是固定的。但在公司发展的历史长河中，这些费用不是不变的，公司从一条产线扩展到两条产线，公司从一幢大楼扩展到两幢大楼，固定制造费用也会随着产能的提升而升高。固定制造费用是在现有产能的情况下作出的定义。

单位固定制造费用会因为生产产品的数量增加而减少，原本 1 000 元的固定制造费用需要 100 个产品承担，每个产品承担 10 元，当产量增加到 200 个的时候，每个产品只需要承担 5 元。

固定制造费用对公司来说属于沉没成本，在计算边际贡献率的时候可以不计。当公司产能完全闲置时，考虑是否接受订单，可以仅考虑材料成本、直接人工和变动制造费用。

（2）变动制造费用。

变动制造费用指随产量的变化而变化的制造费用。在实际生产中，没有任何一样变动制造费用与产品数量 100% 正相关，如果我们仅用产品数量进行倍数的乘除来计算相关变动制造费用，那计算出来的结果会和实际偏离较大。线性回归分析法和变动分析法是两个常用的预测变动制造费用的方法。

5.5 运营效率管理及存货管理

生产是一个将原材料加工成产成品的过程，在这个过程中，无论是原材料、在产品还是半成品、产成品都会占用企业的资金。尽量降低企业的库存，减少资金占用成本，是对存货管理提出的要求。本节从存货的账龄管理及跌价准备角度分析如何进行有效的内部控制管理以提高效率。

5.5.1 运营效率管理及存货账龄管理

运营的效率可以用现金循环周期的长短来进行评估，如何利用各种方法缩短影响运营的各种要素所消耗的时间，是做好运营效率管理的关键。笔者会在不同的章节中详述减少这些要素所消耗时间的方法，这里仅将所有要素集合起来，让大家从宏观和全面的角度去理解运营效率。

在评价企业资本运营效率的指标中，有一个覆盖采购、生产、销售等相关环节效率的指标，叫现金循环周期（Cash Conversion Cycle），这个指标是指，从企业用现金购买原材料，到原材料生产成产品，再到销售收回现金流所需要的时间。这一时间越短，运营资金的效率越高。第三、第四、第五章分别介绍了采购、销售和生产环节相关内容，在这里就将这个涵盖三个环节的指标介绍一下。

1. 现金循环周期

（1）现金循环周期的公式。

现金循环周期 = 应收账款周转天数 + 存货周转天数 − 应付账款周转天数

应收账款和存货的周转天数都是占用公司资金和资源的时间，应付账款的周转天数是公司占用供应商资金的时间。前两个指标的和减去应付账款的周转天数，就得到公司资金循环所需要的天数。通过现金循环周期能够看出公司资金运作的全貌，从而能监控公司资金运作方面的健康程度。

（2）应收账款周转天数（Days Sales Outstanding，DSO）。

①概念：应收账款周转天数指公司收回账款所需的天数，公司能越快收回账款，该指标值越小，代表公司对资金的利用率越高。

②计算公式：应收账款周转天数 = 365 天 ÷（销售净额 ÷ 平均应收账款）。

以上的销售净额是指一年之内的销售净额，有些公司为了体现出季度或月度的波动，也会以季度或月度为单位进行计算。如按照季度计算该指标，天数就会变成 90 天，而销售净额就会变成 90 天之内的销售额。

（3）应付账款周转天数（Days Payable Outstanding，DPO）。

①概念：应付账款周转天数指公司支付应付账款平均所花的天数，该指标值越大代表公司有较长的时间来支付欠款，占用供应商的资金的时间越长，对资金的利用率越高。

②计算公式：应付账款周转天数 = 365 天 ÷ （采购额 ÷ 平均应付账款）。

与应收账款周转天数相同，如果公司需要了解季度或月度的变化，也可以按照季度的数据或月度的数据进行计算。

（4）存货周转天数（Days Inventory Outstanding，DIO）。

①概念：存货周转天数衡量存货周转的速度，天数越短，表示存货从生产到销售的时间越短，对资金的利用率越高。

②计算公式：存货周转天数 = 365 天 ÷ （营业成本 ÷ 平均存货）。

同样，存货的周期也可以根据公司所要分析的期间进行调整，这里就不赘述了。缩短存货周转天数，可以从控制存货的规模、扩大销售渠道等方面努力。

2. 存货账龄管理

在维持目前经营水平的情况下，将存货数量降到最低是进行存货效率管理和控制所要达到的目的。根据不同状态存货的库存情况，可以了解存货的问题所在。

（1）原材料账龄增加。

如果公司的长账龄原材料的数量增加，说明原材料在一定的时间内没有转换成生产所需要的材料，因此，很有可能是公司的销售预测发生了问题，导致公司购入的原材料没有用于生产变成了长期积压的库存。这时，公司需要对销售预测进行估算和调整，找到能够正确地预测市场的方法，从而减少预测变化对库存的影响。

（2）半成品的账龄增加。

如果半成品的账龄增加，那很可能是公司的计划部门没有安排和协调好相应的生产。按照最经济的资金运作方法，从原料到成品所需要的时间应该压缩到最短。

针对半成品账龄增加的情况，计划部门需要研究生产的瓶颈在哪里，根据瓶颈产能进行生产和计划的调配。如果上一个工作站一天能生产 2 万个产品，而瓶颈工位只能生产 1 万个，那么解决方式是：要么提升瓶颈工位的产能到与上一站的产能一致；要么将上一站的人员和资源释放出来，去做别的工作，每天只要保持 1 万个的产量就能达到平衡了。这样原材料的采购也按照每天生产1 万个产品来进行，公司的存货水平自然就下降了，存货周转的效率从而被提高了。

（3）成品的账龄增加。

如果成品的账龄增加，可能意味着公司的产品滞销，公司应该从市场的需求来思考产品的定位是否出了问题，如何能够制造出受市场认可和欢迎的产品。

对于现有的长账龄的库存成品，是否可以采用打折、促销等形式将其销售出去，以换取公司的资金流，都是财务内部控制可以思考的问题。

5.5.2　存货跌价准备的计提及跌价政策制定

存货是企业资产的重要组成部分，需要定期对存货的价值进行复核，如果发现存货出现跌价风险，应该及时计提存货跌价准备。相关的存货跌价准备应该如何计提，相关的跌价政策应该如何制定，本小节将围绕这个话题展开讨论。

1. 存货跌价的原因

存货之所以跌价，主要是受以下因素影响。

（1）存货价值的下跌。

当存货的交易价格低于当时的购买价格时，会产生跌价。

（2）存货呆滞。

当公司对产品的销售预期不准确，采购的材料或者生产的成品没有办法及时销售出去，会产生存货呆滞的风险。

2. 存货跌价准备的计提

针对以上两种原因，需要进行不同的存货价值测试和存货跌价准备的计提。

（1）可变现净值准备（Net Realizable Value Reserve）。

当原材料价格下跌，并且即使把这些原材料加工成产成品销售出去，其成本依然大于售价时，就要考虑计提跌价准备了。

（2）存货呆滞跌价准备（Inventory Excess & Obsolete Reserve）。

"呆"和"滞"的区别在于以下两点。

①"呆"：指多余的存货，这些存货在一定的期间内还有消耗，只是它的消耗远小于它目前的库存，在可见的期间内不能消耗完。

②"滞"：指存货在一定的期间内没有消耗，在未来一段时间内也完全没有需求。

根据以上两种解释，大家可以看出"滞"比"呆"的情况更严重。存货的跌价准备往往是会计师和公司的"战场",经营不好的公司往往存在很多滞销的存货,出于业绩压力,一些公司不愿计提"足够"的存货跌价准备,从而与会计师的职业判断产生分歧。我曾经审计过一家化妆品公司,其化学品超过 3 年会过期,而该客户不愿意计提存货跌价准备,因为计提存货跌价准备会让本来已经"不怎么好看"的报表雪上加霜。

每个公司需要根据自己公司的产品特性,结合市场和运营,针对自身的存货形成完整的成体系的跌价政策,从而使公司的内部控制有规则可依。

案例 5-6 存货跌价准备的充足性

背景

在公司准备上市的过程中,存货跌价准备的充足性一向是审核的重点。由于存货跌价准备是一项靠着目前掌握的所有信息在当时环境下所作出的"最佳判断",所以它具有一定的主观判断性。

案例

2017 年上市的拉夏贝尔是国内首家 H+A 的服装上市企业,于 2022 年 4 月由于净资产为负数最终终止上市。2017 年它在 A 股上市的时候,就曾经被问过以下问题。

(1)存货占比较大的原因,要求对比同行业的库存占比和周转率,说明存货是否合理。

(2)处理过季商品的方式。

(3)报告期是否有通过调节库存商品账龄调节存货跌价准备的情形。

(4)结合库存商品账龄、销售模式和销售情况说明存货跌价准备计提的充分性。

分析

相关部门提出以上问题并不是没有根据的,公司的各种指标确实有反常的表现。

(1)存货跌价准备低于行业平均水平。

2014—2016 年,拉夏贝尔的存货跌价准备为存货的 14% 左右,远低于同行平均水平22%。如果按照同行平均水平计提存货跌价准备，2016年拉夏贝尔的存货跌价准备需要增加1.6亿元。

（2）存货跌价准备呈现逐年下降的趋势。

存货跌价准备从2014年存货的15.49%下降到2016年的13.59%，2017年的存货跌价准备更是减少到存货的9.15%，按照2016年年底的库存来计算，光是减少存货跌价准备，就释放出了8 880万元的利润［20亿元×（13.59%-9.15%）］，2017年的净利润为4.99亿元，其中有0.89亿元是由存货跌价准备的转回提供的。

在企业中一些科目容易被用于调节利润，比如各种跌价准备、各种预提费用等。所以，审计师会对这些科目给予足够的关注。

（3）存货跌价准备的计提依据。

如果按照存货的账龄进行跌价准备的计提，通常账龄越长的存货呆滞的风险越高，计提的存货跌价准备理应越多。在市场环境没有发生很大变化的情况下，存货跌价准备的整体比例下降而库存却在不断上升，存货跌价准备计提的合理性会受到质疑。审计师可以通过存货的账龄测试，确认账龄的划分是否准确。

（4）存货跌价准备的计提方法。

根据2021年拉夏贝尔的审计报告，其存货跌价准备的计提方法是：期末按照单个存货项目计提存货跌价准备。这个方法本身是靠判断来计提存货跌价准备的一种方式，是更容易受到操纵的一种计提方式，在阅读年报时，更需要对此种方式保持一定的敏锐度。

结论

（1）重点关注行业"通病"。每个行业都会有其特点，如服装行业的库存问题，医药行业的高研发成本和销售成本，等等。有些数据会隐藏在某些"光鲜亮丽"的表象背后，在作分析时，需要更加关注企业所处行业可能存在的问题，参照同行业的平均水平，以防财报"注水"。

（2）重点关注各项准备科目。各项准备科目可能会成为企业调整利润的工具，关注这些科目，做到心中有数，才能更好地掌握企业的真实运营情况。

第 6 章

提升企业的"造血"功能
——资金管理

资金是企业赖以生存以及健康发展必不可少的资源，没有资金的支持，再优秀的企业都不可能维持下去。同时，资金又是流动性较好的资产，好的资金管理能给企业带来收益。同时也需要做好相关的内部控制工作以避免舞弊或风险。现代的金融市场瞬息万变，也衍生出了许多不同的管理手段和管理理念，如何理解这些管理手段和管理理念，如何选择适合自己企业资金管理的思路，值得现代企业思考。

6.1 资金的分类及风险点

公司的现金流量表是三大财务报表之一，主要反映公司的现金从哪里来到哪里去。本节就以现金流量表中所涉及的维度对资金管理进行介绍。

6.1.1 资金的分类

现金流量表中，产生现金流量的活动分为经营活动、投资活动、筹资活动。表 6-1 是康美药业 2017 年合并现金流量表，该公司正常经营现金流入约为 18 亿元，公司期末现金余额约为 340 亿元，却支付了约 22 亿元的股利和利息，这引起了怀疑：公司这么有钱为什么还要借钱？最终调查发现公司现金余额中 300 亿元为造假金额。

表 6-1 康美药业 2017 年合并现金流量表

单位：元　币种：人民币

项目	附注	本期发生额	上期发生额
一、经营活动产生的现金流量：			
销售商品、提供劳务收到的现金		28 766 131 827.76	23 928 897 876.13
客户存款和同业存放款项净增加额			
向中央银行借款净增加额			
向其他金融机构拆入资金净增加额			
收到原保险合同保费取得的现金			
收到再保险业务现金净额			
保户储金及投资款净增加额			
处置以公允价值计量且其变动计入当期损益的金融资产净增加额			
收取利息、手续费及佣金的现金			
拆入资金净增加额			
回购业务资金净增加额			
收到的税费返还			
收到其他与经营活动有关的现金	十七、75	943 030 295 93	436 932 366 42
经营活动现金流入小计		29 709 162 123 69	24 365 830 242 55
购买商品、接受劳务支付的现金		24 324 394 786 49	20 013 484 005 95

续表

项目	附注	本期发生额	上期发生额
支付给职工以及为职工支付的现金		808 059 122.44	633 201 863.80
支付的各项税费		1 809 254 833.22	1 493 813 816.97
支付其他与经营活动有关的现金	十七、75	924 659 143.70	622 141 204.51
经营活动现金流出小计		27 866 367 885.85	22 762 640 891.23
经营活动产生的现金流量净额		1 842 794 237.84	1 603 189 351.32
二、投资活动产生的现金流量：			
收回投资收到的现金			
取得投资收益收到的现金		12 000 000.00	12 000 000.00
处置固定资产、无形资产和其他长期资产收回的现金净额		399 816 125.66	10 870 831.37
处置子公司及其他营业单位收到的现金净额		2 210 000.00	
收到其他与投资活动有关的现金	十七、75		2 500 000.00
投资活动现金流入小计		414 026 125.66	25 370 831.37
购建固定资产、无形资产和其他长期资产支付的现金		1 795 351 236.12	1 567 436 978.52
投资支付的现金		6 000 000.00	
质押贷款净增加额			
取得子公司及其他营业单位支付的现金净额		138 774 024.47	444 241 817.66
支付其他与投资活动有关的现金	十七、75	3 842 277.58	
投资活动现金流出小计		1 943 967 638.17	2 011 678 796.18
投资活动产生的现金流量净额		−1 529 941 512.51	−1 986 307 964.81
三、筹资活动产生的现金流量：			
吸收投资收到的现金		300 151 100.15	8 200 905 200.00
其中：子公司吸收少数股东投资收到的现金		9 370 000.00	1 500 000.00
取得借款收到的现金		22 666 500 000.00	16 293 067 131.70
发行债券收到的现金		11 000 000 000.00	7 500 000 000.00
收到其他与筹资活动有关的现金	十七、75	361 587 400.00	54 696 200.00
筹资活动现金流入小计		34 328 238 500.15	32 048 668 531.70
偿还债务支付的现金		25 261 239 832.62	18 234 092 367.27
分配股利、利润或偿付利息支付的现金		2 223 221 121.80	1 932 893 476.92
其中：子公司支付给少数股东的股利、利润			
支付其他与筹资活动有关的现金	十七、75	338 005 569.71	48 106 739.54
筹资活动现金流出小计		27 822 466 524.13	20 215 092 583.73
筹资活动产生的现金流量净额		6 505 771 976.02	11 833 575 947.97
四、汇率变动对现金及现金等价物的影响		−962 818.59	
五、现金及现金等价物净增加额		6 817 661 882.76	11 450 457 334.48
加：期初现金及现金等价物余额		27 245 087 061.25	15 794 629 726.77
六、期末现金及现金等价物余额		34 062 748 944.0	27 245 087 061.25

1. 经营活动的现金流

（1）经营活动现金流入。

制造业、贸易业或服务业涉及的经营活动现金流入一般有以下方面。

①销售商品、提供劳务收到的现金：如果公司不存在赊销，全部以现款结算，那么此处的现金流入＝销售收入 ×（1+ 增值税税率）。

②收到的税费返还：包括增值税退税、所得税退税。

③收到其他与经营活动相关的现金：包括经营活动中一些其他往来款项。

（2）经营活动现金流出。

①购买商品、接受劳务支付的现金：包含采购原材料、低值易耗品等支付现金，支付给服务供应商的现金。

②支付给职工以及为职工支付的现金：包含职工的薪资、奖金、缴纳的各项社保、商业保险、职工福利费等。

③支付的各项税费：包含支付的增值税、所得税及各种附加税。

④支付其他与经营活动有关的现金：主要指除了上述支出外的其他经营项下支付的款项，如各种往来借款等。

2. 投资活动的现金流

投资活动的现金流按照投资的性质一般可以分为以下几类。

（1）为了扩产能增加资产。为了扩大产能、拓展产业链而进行固定资产、无形资产投资。投资这些资产的目的是经营项下的收入增加。

（2）股权投资。公司为了迅速完成自己的战略，有时候会进行一些股权的投资，影响或控制其他公司，进行产业链上下游的布局、多元化的投资，等等。这里会涉及并购、投资公司等相关的风险。

（3）为了收益而进行的金融投资。这种投资通常是以赚取收益为目的，公司不参与被投资企业经营和管理。如购买理财、金融衍生品、股票、基金等。

3. 筹资活动的现金流

筹资活动的现金流有以下类型。

（1）银行借款：这是公司筹资活动中较常见的资金融通的方式。

（2）发行债券：债券期限比银行借款时间更长，利率固定，发行债券所需要的成本比银行借款更高，时间更长。

（3）发行股票：股权筹资是花费时间和精力较多的筹资方式，需要财务工作规范、股权清晰、合法合规。

6.1.2　资金潜在风险点

由于资金的流动性强，并且是企业开展一切活动的必要资源，因此在管理中，更应该注意相关风险的控制。企业在经营过程中，可能面临的与资金相关的风险点如下。

1. 资金被侵占和挪用的风险

现代的数字技术给资金管理带来了便捷，企业所需要办理的资金业务大多数能在网上处理，但风险也变高了。网银授权的分工出现问题、密码的泄露、电信诈骗等都给资金管理带来了风险。

2. 资金链断裂的风险

有些企业的崩溃并不是因为企业本身的盈利能力的问题，而是由资金的错配、过度扩张、债务问题以及收支不平衡导致的。在企业经营中，要保持持续稳定的现金流，在此基础上，才能够长远发展。

案例 6-1　硅谷银行的破产

2023 年 3 月 10 日，在 3 月 7 日被福布斯杂志评为美国最佳银行的硅谷银行宣布破产了。

硅谷银行持有的资产中一半为长期国债，另外还有一些过桥贷款和房屋贷款，相对于雷曼兄弟来说，资产质量更好。

硅谷银行的问题在于没有管理好自己的现金流，资产错配，它的负债多为储户的活期存款，而硅谷银行将这些随时可能被储户支取的款项投资在了长期国债上。在以往年度这个问题并不明显，可是由于美联储不断加息，该银行出现了大量的 "浮亏"。同时，投资人没有投资的动力，而在硅谷银行存款的被投资企业又在不断地消耗资金且没有新的资金补充进来，硅谷银行持有的资金就越来越少。

为了应对储户的提款要求，硅谷银行抛售了债券，产生了 18 亿元的真实亏损后，储户们得知这一消息后纷纷要求提款，引发了挤兑潮，很快硅谷银行的资金链就断裂了，最后不得不宣布破产。

3. 资金合规的风险

企业的资金同样受着各项法律法规的约束，需要合法合规地使用资金，如外币交易有外汇管制条款需要遵循。要规避这些风险，需要及时了解相关的政策，及时调整企业的相关操作以符合法律规定。

6.2 数字智能化助力资金管理效率提高

6.2.1 银行账户基础管理

银行账户基础管理关系到账户的开立、授权、对账及关闭。

1. 银行账户的类型

公司的银行账户一般可分为基本户、一般户、协定存款账户、专项资金账户、资本金账户等。

（1）基本户：公司的基本户只能有一个，可以进行现金的领用和工资的发放，往来业务的收发。

（2）一般户：公司可以拥有几个一般户，但是不能进行现金的领取，只能进行往来业务的收发。

（3）协定存款账户：公司可以和银行签订协议，超过一定金额的资金转入协定存款账户，享受更高的利率。

（4）专项资金账户：公司为了资金募集等开立的账户，专款专用。

（5）资本金账户：当股东投资验资时，公司会使用资本金账户，这个账户中的资金代表股东投资，当公司有资金需求时，可以从该账户中转出资金。

2. 银行账户的开立

当公司开立一个银行账户时，应该取得适当的管理层授权，授权书中应明确以下内容：

（1）公司授权开立账户的银行的名称；

（2）开立该账户的目的、账户资金使用的范围；

（3）公司授权哪些员工对该账户享有审批权限、具体的审批权限是什么。

在银行账户开立时，需要对银行账户相关的资料、印鉴、网银密码等进行妥善分配和管理。

3. 销户

当公司决定销户时，应该取得管理层的授权，对销户相关的资料如印鉴卡、销户回单等进行妥善保管，以备以后检查需要。

4. 银行对账单

银行对账单是非常重要的对银行余额进行监管的工具，现在随着科技的发展，出现了银行电子对账单，并且直接发送到授权人的网银待办事项中，这样大大降低了银行对账环节的舞弊可能性，便于公司的财务管理人员更好地掌握公司的资金情况。

5. 银行征信系统

银行征信系统是公司较全面了解自己账户的一个信息窗口，提供公司的所有银行账号、贷款情况、担保抵押情况等信息。如果公司曾经有过贷款，也可以从中国人民银行发出的贷款卡中了解所有的信息。在审计师进行审计时通常也会要求提供相关数据。

6.2.2　银企直连提高资源整合效率

银企直连并不是新生技术，其作用在于解决公司的资金管理问题，降低相关控制风险。目前并不是所有的公司都在使用这项技术，下面讲讲银企直连的相关原理和具体的情况。

1. 银企直连是什么

简单来说，银企直连就是将银行的系统和公司的财务系统相连接，公司的会计不用登录网银上传或下载数据，直接通过财务系统就可以进行付款、收款查询等。另外银企直连还提供一些定制化的功能，使数据更加实时、便捷地被公司捕捉，大大提升了效率。

降本增效：用内部控制提升企业竞争力

2.银企直连能干什么

公司通过银企直连能干什么。

（1）实时掌控公司银行账户的收款情况：当银行账户有收款时，将数据推送给公司的财务系统，提醒公司有款项到账，而不用财务登录网银进行一一查询。

（2）通过财务系统直接付款：当应付账款到期被审批后，付款指令可以直接从财务系统中发出，不需要公司的出纳加工付款单，上传网银，进行支付。

（3）公司所需要定制的一些其他服务，如账户的实时管理、报表呈现等。

案例6-2　收付款流程的变迁

收款和付款是企业财务工作中常见的与资金相关的业务。更有效率地完成与收付款相关的数据收集、流程操作，能够助力企业更快地进行数据的反馈从而作出决策，同时也能大大减少财务部门的手工操作，提高效率。

1.手工操作

（1）收款：应收会计需要登录网银，将相关的收款信息下载下来，根据不同的客户一笔一笔录入财务系统的应收账款账簿中。应收会计每天需要花3~5小时进行数据录入。

（2）付款：当付款单审批完成，公司出纳根据付款信息，一笔一笔将相关的数据录入网银中进行支付，在支付月结货款时，出纳通常要花8~10小时进行数据录入和检查。

2.财务系统进行部分自动化升级后的操作

（1）收款：应收会计将相关的收款信息从网银上下载下来，以一定的格式导入财务系统中，财务系统根据预先设定的规则（如先进先出法）将应收账款自动录入系统中，完成财务系统的入账。应收会计每天花半小时完成相关工作。

（2）付款：审批完成后的付款单生成付款报表，根据网银需要导入的格式进行定制化报表的开发，应付会计将相关的数据导出提供给出纳，出纳将相关的报表传入网银中，进行匹配校验，无误后点击发送指令。出纳花半小时进行相关操作。

· 144 ·

3. 银企直连操作

（1）收款流程。

当银行收到企业的相关款项后，会将信息直接传递到企业 ERP 系统中的一个临时账户中，企业的应收会计将相关的信息识别完成后，分配到相应的客户和科目，完成应收工作。

具体收款流程可参见图 6-1。

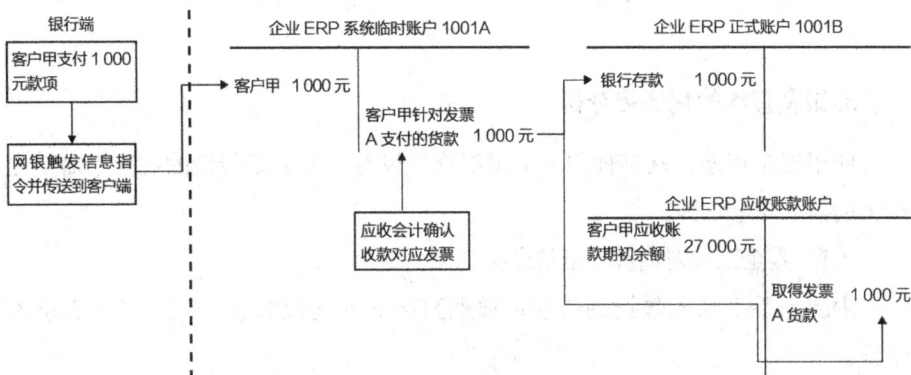

图 6-1　银企直连收款流程

当应收会计将相关的收款匹配到客户的发票中时，ERP 系统中会生成相关凭证。

（2）付款流程。

当应付账款的审批完成后，相关的数据可以通过 ERP 系统直接发送给银行，数据进入临时账户，当银行账户中的款项真正付出后，银行会将相应的数据从临时账户中扣除，记入实际账号，如图 6-2 所示。

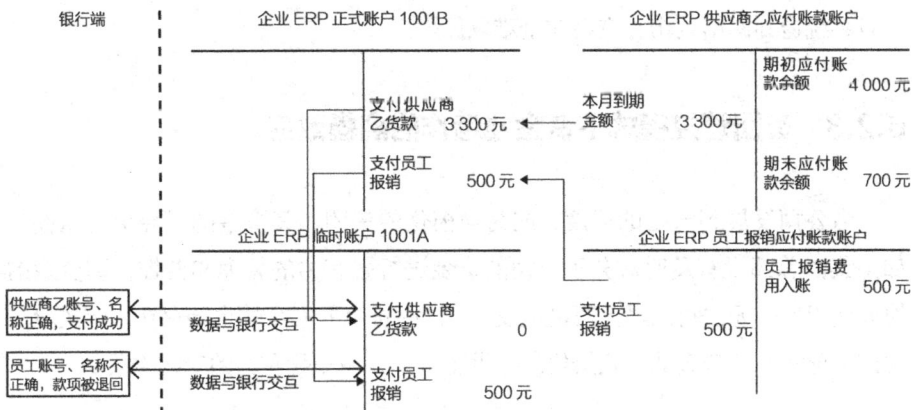

图 6-2　银企直连付款流程

（3）银行存款余额调节表编制。

月底，企业财务人员编制银行存款余额调节表时，关注临时账户中未出账的数据，了解其来源，编制相关的调节表。而不需要再像传统的操作一样，将所有的银行交易分别从财务系统和银行系统中导出，进行一一比对，节约了大量的时间和人力。

图6-3中，银行未达账项为支付给员工的报销款项500元，企业已入账，银行未入账，该笔款项以未达账项的形式存在于银行存款余额调节表中。

3. 银企直连的优劣势分析

使用银企直连，从某种程度上可以降低风险，但数据传输的过程中需要更强大的信息安全防护。

（1）银企直连对内部控制的助推。

①减少手工录入数据的错误：数据直接导入网银系统，减少了手工录入错误。

②减少了会计人员篡改付款单的可能性：数据直接传输减少了会计人员通过篡改付款单将款项付给非供应商或错误供应商的可能性。

③增加了应收账款记账的及时性。

④简化了银行存款余额调节表编制工作的流程：从原来进行所有交易的核对转变为仅关注临时账户的调节项产生原因，大大简化了工作的流程。

（2）银企直连对内部控制提出的挑战。

由于银企直连进行了两个系统的对接，对系统网络安全提出了更高的要求，一旦系统遭到网络攻击，资金安全难以保障。

6.2.3　集团管控模式下资金池运作的规模效应

当公司发展到一定的程度，成为规模化的集团，其资金的管控更为重要。如果集团总部没有及时对分子公司的资金进行强有力的管理和监控，则资金的协同使用效应无法得到最大限度地发挥，同时资金的安全性也会存在一定风险。在这种形式下，资金池模式给集团提供了一个方便和强有力的管控手段。

1. 资金池运作实现资金协同的利益最大化

资金池最早是由跨国财务公司与国际银行联合开发的资金管理模式,用以统一调拨集团的全球资金,一般可以实现以下的功能。

(1)成员单位的资金上划能够取得更高的利息收入。

成员单位在集团指定的银行开户并加入资金池,集团可以根据需求或指令,将成员单位的资金在确定的时间点上划到集团统一的资金池中。

如果集团是连锁企业,每天都有大量的资金收入,为了保证资金的安全性并集中管理,可以要求子公司或分公司使用资金池账户收款,并且每天在固定的时间点,将成员单位的资金上划到资金池中,这样集团可以以较大的资金体量争取更高的协定存款利率或通知存款利率,同时子公司和分公司的资金池账户金额归零,防止资金被挪用或坐支。

(2)成员单位款项的支付。

由于资金上划后,子公司和分公司的账户余额归零,如果需要进行款项的支付,可以上传相关的支付申请,资金池账户会在每天固定的时间根据付款单的金额安排支付。

(3)成员单位之间的资金借贷能够降低资金使用成本。

如果成员单位之间的资金不平衡,可以通过资金池安排双方进行借贷,资金充足的一方可以通过委托贷款取得比理财利率更高的利率,资金缺乏的一方也可以通过集团资金池取得贷款利率比银行利率更低的贷款,有利于降低资金使用成本,从而使集团间的资金实现更经济和更有效流动。

(4)总部对整个集团的资金的管理和监控。

由于资金池的集中功能,总部能够实时了解成员单位的资金情况,对整个集团的资金状况有一个全面的认知,从而为集团整体的规划提供了资金依据。

图 6-3 展示了集团资金池业务的基本功能。

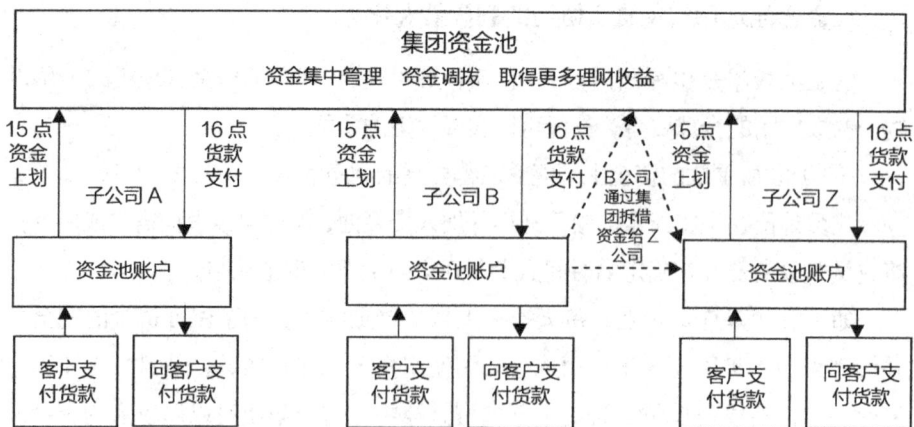

图 6-3　集团资金池业务的基本功能示意图

2. 资金池模式优劣势分析

总体来说资金池的建立加强了集团对资金的管控，但同时也会面临更多来自监管层面的风险。

（1）资金池模式能加强集团对资金的控制。

由于实行统一上划和统一支付，子公司银行账户中的资金清零，大大降低了账户坐支和款项被挪用的风险。

同时，资金池模式也实现了对子公司的银行账户的动态监督，从这个角度讲，其能够协助公司更好地管控资金风险。

（2）资金池管理的相关风险。

①税收相关风险。当集团公司之间进行委托贷款时，需要考虑相关的税收问题。如果通过银行进行委托贷款，需要取得合法的入账凭证。相关的收益[1]是否需要缴纳增值税。利息支出是否符合独立交易原则，关注其合理性及税前抵扣问题。

②合规相关问题。集团资金池业务还有一些衍生的管理集团运营资金池的机构，需要取得监管部门颁发的非银行金融机构牌照，我们通常会称这些机构为"财务公司"。只有获得牌照后，集团才能以合法的身份开展企业内借贷和

1　对于投资收益是否要缴纳增值税有许多说法，目前较为普遍的说法是，非保本类理财收益不需要缴纳增值税，保本类理财收益需要缴纳增值税，但关联公司之间的借款是否属于"保本类"理财还尚未有定论，具体以当地税务局口径为准。

融资等业务。如果资金的拆解涉及跨国业务，还需要取得国家外汇管理局的相关备案方能进行。

借助数据技术，公司对资金的管理也将越来越有力，管理相关的风险，让高效的数据集成技术成为公司发展的助力。

6.3　多渠道低成本的融资管理

这一节我们来介绍资金管理的第二个环节——融资。借款是大部分公司常使用的融资方法，发行债券和股权融资都是可以使用的融资手段。另外，还有一些新兴的金融衍生品融资方式。

6.3.1　传统融资

企业刚成立时，是依靠股东所投入的自有资金运营的，当发展到一定规模，企业需要扩张时，股东投入的资金不足以应付相应的发展，就产生了融资需求。企业传统融资的渠道如下。

1. 贷款

贷款是解决资金问题较常见和方便的渠道。

企业贷款一般要在相应的银行取得授信，在需要提款时向银行提出申请，银行结合当时的利率情况和向企业贷款的风险，给出相应贷款的具体利率，企业申请通过后银行放款。

2. 公司债券

公司债券是企业使用债权工具的一项手段，分为非公开发行债券和公开发行债券。

（1）非公开发行债券。

非公开发行债券由承销机构向专业机构投资者发行，每次发行的对象不能超过 200 人。相对来说非公开发行债券所需要准备的资料、所受的限制会少很多。一般企业的债券会根据机构的评级评定价格，评级越低、风险越高的企业发行债券的成本越高。

（2）公开发行债券。

公开发行的公司债券会有更严格的要求，如对三年平均利润的要求、对净资产规模的要求。企业需要提交注册文件，向证券交易所申报，经审核后方能发行。

3. 股权融资

股权融资是企业取得资金花费时间较长、融资成本较高、带来收益较大的一种融资方式。一般的股权融资分为以下几类。

（1）风险投资 VC[1]/ 私募股权投资 PE[2] 阶段。

企业可以使用自身的股权获得一定的融资，此时按照股权比例和投资额可以推算出企业的估值，如用 1 000 万元投资获取了一个企业 10% 的股权，那么这个企业的估值就是 1 亿元。

由于企业的估值大多与企业所处的行业、企业给投资人展示的前景有关。投资人为了保护自身的利益，会和企业的创始人签订对赌协议，要求创始人按照当时的预测或其他条款完成相应的承诺，否则按照条款赔偿。企业在签订相关附有对赌协议的融资合同时，一定要控制相应的风险。

（2）公开市场发行股票。

企业进行股份制改革，在满足一定的条件后可以申请上市。中国股市经历了从核准制到注册制的尝试（2019 年科创板），最后到 2023 年 2 月 17 日注册制的全面放开，资本市场更广阔，企业上市也更容易，企业也更容易在市场上进行股本融资。

资本市场开放的同时，也给企业及投资者带来了新的挑战，"宽进严出"是以后股票市场的基调，这样股市就会形成一种优胜劣汰、有进有出的良性循环。

---

1 VC:Venture Capital，指风险投资，即投资者对初创公司进行的投资。公司在发展初期，尚不具有上市的资格，投资者希望通过对早期股权的持有，使资本得到增值。由于初创公司风险比较大，所以该投资被称为风险投资。

2 PE: Private Equity，指私募股权投资，即投资者通常投资于发展中后期的非上市企业，希望通过上市或并购取得权益性投资的回报。由于投资于中后期的企业，可以为企业的发展提供助力，同时可以利用自身的资源，协助企业规范运作，以便为后续的上市或并购做准备。

6.3.2 非传统融资

除了上述传统融资外，再介绍几种常见的非传统融资，具体如下。

1. 售后回租

企业将自己的某项资产出售给金融机构，换取资金，随后再从出租人手里将该资产重新租回。

在售后回租的情况下，企业的资产并没有发生实质性变更，金融机构将资金打入企业的账户，企业实现了融资的目的。

2. 供应链融资

企业与银行签订战略合作协议，对其供应商提供供应链融资，即在货款到期前，由银行垫付资金给供应商，供应商按照约定的利率支付利息费用。供应商所占用的贷款额度实际是该企业的相关额度，银行不再检查供应商是否有贷款或者授信的资质。

3. 信用证贴现

企业利用在银行中所拥有的授信额度，开出信用证，将信用证提交到银行进行贴现。比较普遍的信用证是出口信用证，但国内信用证也可以开具并进行贴现。

4. 境外借款

如果企业有真实的境外贸易背景，在其他币别的贷款利率低时，可以考虑进行外币的贷款。企业后续可以用自己收到的外币资金进行还款。

对以上这些新兴的融资手段，企业在使用前应该了解清楚相关的风险，对比其与传统融资的收益，作出最适合企业自身的融资决策。

6.4 让资金发挥最大效益的投资管理

当企业的资金有剩余，可以用来进行投资以获得利息收入或其他收入。财务应助力企业实现资金管理的效益最大化，实现内部控制提升资金利用效率的目的。本节对常见的投资管理进行介绍。

6.4.1　低风险投资管理

在财务的职责范围内，一般可以进行的低风险投资管理有以下几类。

1.协定存款

（1）协定存款的定义。

协定存款（Agreement Deposit）严格来说并不算一项投资，它是企业在有一定资金量的时候，跟银行签订的一项以取得更高利率的存款合同。双方商定企业保留一定金额的存款以应付日常结算，此部分按普通活期利率计付利息，超过定额的那部分存款按协定存款利率计付利息。

（2）协定存款的优点。

①为"不确定"的资金找"确定"的收益。

②无成本投资：企业不需要支付额外的成本，只要跟银行进行谈判并签订合约，就能取得相应的协定存款。

③低风险投资：由于协定存款依然是存款，所以风险很低。

2.通知存款

通知存款是另一项风险较低的投资。

通知存款是不固定期限，存款人预先通知银行方能提取的存款，同时兼有活期存款与定期存款的性质，一般利率高于活期存款利率，低于定期存款利率。通知期限通常为1日、7日。由于这种存款有利于银行进行资金的安排，保证资金利用效果，是一种较受欢迎的投资管理方式。

6.4.2　高风险投资管理

一般在企业中进行高风险投资需要慎重决策，在进行投资前，应该充分考虑企业自身运营的资金需求，如果资金确实有剩余再考虑投资。同时要充分评估企业的抗风险能力。本小节对高风险投资仅做简单的介绍。

1. 利用汇兑差进行对公套利

存一种货币贷一种货币。如在 2022 年下半年存美贷欧，美元汇率一路上涨而欧元汇率一路下跌会让企业有较大的汇兑收益，同时，存款利率高而贷款利率低，这之间的利差又使企业能够得到第二份收益。但是汇率的走势不可知，企业能够通过套利赚取利润，也有可能承担利率波动造成的损失。

2. 企业风险投资（Corporate Venture Capital，CVC）

CVC 这个概念最近几年比较火，一些体量比较大的企业成立了相应的风险投资部门，这些部门根据企业的战略进行一些投资。有些企业的投资涉及其产业链的上下游企业，如龙湖投资一些家装、家具企业，从而将潜在的竞争对手变成自己的合作伙伴，更好地发挥规模效应。有一些互联网企业，其投资则遍布各种行业，如先进制造业、医疗行业、新消费行业、传媒行业等。这些投资，可能成为企业增值的第二曲线。

6.5 汇率及其金融产品风险管理

当企业进行外币结算交易时，可能会产生汇率风险，本节将介绍一些常用的规避外汇风险的方法及操作。

6.5.1 对抗汇率波动的手段之一——套期保值

1. 套期保值（Hedging）的定义

套期保值又称对冲贸易，是指交易人在买进（或卖出）实际货物的同时，在期货交易所卖出（或买进）同等数量的期货交易合同以保值。

2. 套期保值的交易原则

由于套期保值是规避风险的一项行为，因此需要满足以下条件。

（1）交易方向相反原则：合约币种与交易币种完全相反。

（2）商品种类相同原则：都是同种货币。

（3）商品数量相等原则：完全等值金额的交易。

（4）月份相同或相近原则。

3. 套期保值的风险

公司一旦采取了套期保值策略，就会失去由于价格变动而可能得到的获利机会。2023 年的远期美元外汇合约，使部分公司与美元大涨带来的利润失之交臂，从某种意义上说，也是一种损失。

现代的风险管理理论认为风险也是一种机会，需要发挥风险中有利的一面，限制风险中不利的一面，使公司更好地迎接机遇和挑战。

6.5.2　对抗汇率波动的手段之二——期权交易

1. 期权（Options）的定义

期权是一项权利，是在一定时间内以一定的价格出售或购买一定数量的标的物的权利。买方可以选择行使或者放弃相应的权利，而卖方需要无条件地配合。

2. 期权买卖双方的权利义务

期权的买方，通过购买期权享受只有权利没有义务的待遇（除了支付期权费）。

期权的卖方，通常出售期权只能履行义务而没有权利（除了取得期权费）。

由此可见，买方承担了有限的风险（最多损失期权费），而卖方承担了无限的风险。

3. 期权交易对抗汇率波动

当公司预计汇率波动会很大的时候，可以考虑进行期权的买入，以固定的成本来博取更多的收益。

如果公司考虑卖出期权，需要谨慎考虑可能带来的无限风险。如在 2022 年底卖出的美元交易期权，会让公司损失不少。

另外，一些银行会将期权的交易融合在远期产品中，财务在进行交易前，一定要注意甄别，否则会给公司带来无限的风险。

🔍案例 6-3　资金认知积累记

小 A 在帮首席财务官做名片。首席财务官为了突出自己司库这一角色，特意要求在名片中把它放在与首席财务官平行的位置上，可见其对这个司库的角色非常重视。而小 A 关于司库的知识也是一点一点积累起来的。

1. 第一阶段：看山是山

以前的小 A 对司库这个角色非常不屑，以为只有管理资金，就是出纳干的活，认为司库只用搞清楚收款付款，最多在公司资金不够的时候找银行贷款，就是初级的财务工作，这个工作没有技术含量。

2. 第二阶段：看山不是山

直到有一天小 A 的一个朋友在公司内部转岗，从亚太区的财务总监转去做了公司的司库，那时，小 A 才意识到原来司库是一个"高大上"的职位。小 A 在和这个朋友聊天的过程中发现，原来这个工作跟小 A 之前的认知差异很大，司库涉及的工作包括以下方面。

（1）资金运营。提高资金的效率，加强对资金预算的管理，让资金在合理的情况下在各个公司间流动，有效识别风险，监控全球的资金流。如利用国与国之间的转移定价模型让资金能合法合规地在各个国家的公司中进行分配，同时又能满足各个国家的税务监管要求和公司的资金需求，这些都是司库所要负责的工作。

（2）融资发挥集团效应，在资金方面进行统筹。如以集团的名义进行综合授信取得更低利率的贷款；利用金融市场上的各种工具和技术，寻找各种成本更低的融资渠道。

（3）投资。在集团资金剩余的情况下，寻找高收益低风险的投资渠道，管好钱，让钱生钱。

原来，司库的工作这么有挑战性，涉及小 A 的很多知识盲区，小 A 意识到自己还有很长的路要走。

3. 第三阶段：见山还是山

小 A 在后面几年的工作中，也逐渐接触了一些复杂的资金管理工作，如集团企业的资金池业务、跨境业务的资金调拨、利用新兴金融产品创造更高收益等，每一项都加深了小 A 对司库这项工作的认识。

集团的资金池业务让小 A 了解到了集团的财务公司如何运作，公司与公司之间的资金如何流动（如通过委托贷款），如何更大程度地更有效率地发挥资金的规模效应（如通过资金上划）。

当公司缺少资金时，公司让小A了解到了保理、融资租赁、利用产业链进行信用共享的模式。甚至在公司"出海"的情况下，公司让小A了解了各个国家的外汇管制，钱如何"出去"，利润如何"回来"，等等。

司库的职责重大，小A需要加快学习的步伐，赶上时代的发展。

第 7 章

发挥人力资源的最大效用
——人力资源管理

人力资源的管理关系到企业的核心竞争力，企业需要从自身业务的角度出发，制定出合理的且适应自身发展的体系。用最经济的资源完成企业人才库的建设，将人力资源的效益发挥到最大，是内部控制协助降本增效的重点。本节从人员招聘、薪酬绩效管理、人员离职等方面阐述了相关流程的风险点和内部控制的要点，从而推动"人力"这个企业最有价值之一的资源成为企业发展的助力。

7.1　人力资源及其风险管理

在制造业中，人力资源成本往往是除了材料成本之外的最大成本，贸易行业、咨询行业人力资源的成本可能更高。管理好相应的人力资源成本，让其发挥出最大的价值和作用，提升资源利用效率，同时管控好相应的风险，是内部控制在人力资源管理中所要发挥的作用。

7.1.1　人力资源领域的风险及其控制点

人力资源的工作大体分为人力资源规划、人员的招聘、人员的考核及薪资发放、人员的离职。

1. 人力资源规划

（1）人力资源规划需要与战略相联系。

人力资源的规划起点应该是战略规划。战略规划即公司在某个发展阶段需要发展什么样的业务，相应的业务需要具备怎样的功能，规模如何。

（2）人力资源规划与预算相结合。

人力资源规划需要跟公司的预算相结合，与预算融合，互相辅助。根据公司需要发展多大的业务，以及销售收入及市场行情，得出需要招聘多少人员作为支撑的结论；同时人员的招聘和补充，能够支持公司业务的发展，产生相应的投资回报，即销售收入，从而形成业务规划到预算管理再到人力资源规划的相辅相成的闭环。

（3）及时回顾控制风险。

在业务运营及人力资源规划执行过程中，需要实时监控业务的产出预期与人力资源匹配的情况，如果投入相应的人员，没有产生预期的产出，需要及时进行分析，及时调整策略，以动态的管理控制人力资源规划方面的风险。

2. 人员的招聘

人员招聘的核心是用合适的成本招到合适的人，以完成公司的战略目标。

在招聘中，公司面临的风险主要有以下几项。

（1）招聘人员与实际需求不匹配。

在招聘中，未充分考察人员的能力与岗位的匹配度，导致招聘的人员和岗位实际需要人员不匹配。

（2）人员的薪资要求与公司的薪资架构有冲突。

当选用的人员定岗定级后，人员的薪资要求与公司目前的薪资架构不匹配，可能打乱公司现有的薪资架构，给人力资源部带来薪资结构的挑战。

（3）人员留用问题。

通过面试确定的岗位人选，放弃被录用，或者在试用期没有留下来，会浪费公司的时间，造成由于人员未到岗业务无法开展的隐形损失。

3. 人员的考核及薪资发放

人员的考核与管理需要达到稳定人员结构，更大效力地发挥出人在公司中的作用，人力资源的使用效率最大化的目的。日常的薪资发放同样需要做好相关的内部控制工作。在人员考核及薪资发放过程中，公司可能面临的风险主要有以下几点。

（1）考核目标设置不合理。

如果考核目标设置过高，员工感到相关的目标无法达成，则会使员工的积极性受到打击，从而使原本的激励政策没有激励的效果。

如果考核目标设置过低，员工较轻易就达成目标，则不能完全发挥出员工的能力，公司的效益无法得到积极有效的提升。

（2）考核结果的片面性。

各个岗位的考核指标除了硬性、可量化的指标外，还有一些主观的考评指标，考评人对相关考评指标的理解不一致会导致考评结果过于片面，公司需要设计一个合理的有利于整体环境的考评制度，避免一个人的意见影响一个员工甚至一个小组的考核结果。

（3）薪资发放风险。

在薪资发放的环节需要把控的风险有：收到薪资的员工是否为真实的公司聘用的员工；薪资的计算是否正确；请假、加班等特殊事项在支付薪酬时是否已经进行了及时的反馈和调整。

4. 人员的离职

人员离职时，需要及时做好相关的离职交接工作。员工离职可能带来的风险有以下方面。

（1）离职未做好交接带来的工作断层。

员工离职未做好相应的交接导致工作不能很好地延续和开展，给公司业务带来潜在的损失。

（2）潜在竞争。

如果公司在一开始没有跟员工签订竞业协议，员工跳槽到竞争对手的公司，就可能给公司带来潜在的竞争。为了预防相关的风险，公司需要在一开始就识别出关键的岗位，与员工签订竞业协议，避免培养出一个竞争对手。

（3）离职管理。

一旦员工离职，公司需要做好相应的离职管理，包括薪资的结算、社保结算、员工费用报销的结算、公司代缴费的停止（如公司代员工缴纳手机费等）、公司内部系统账号的关闭、门禁的取消等，防止员工离职了还在发生相关的费用、相应的系统未关闭等风险。

7.1.2　人力资源管理流程图

图 7-1 展示了人力资源主要的流程，包括人员的招聘、考评和薪资发放、人员的离职。每个流程都涉及适当的审批和管理。

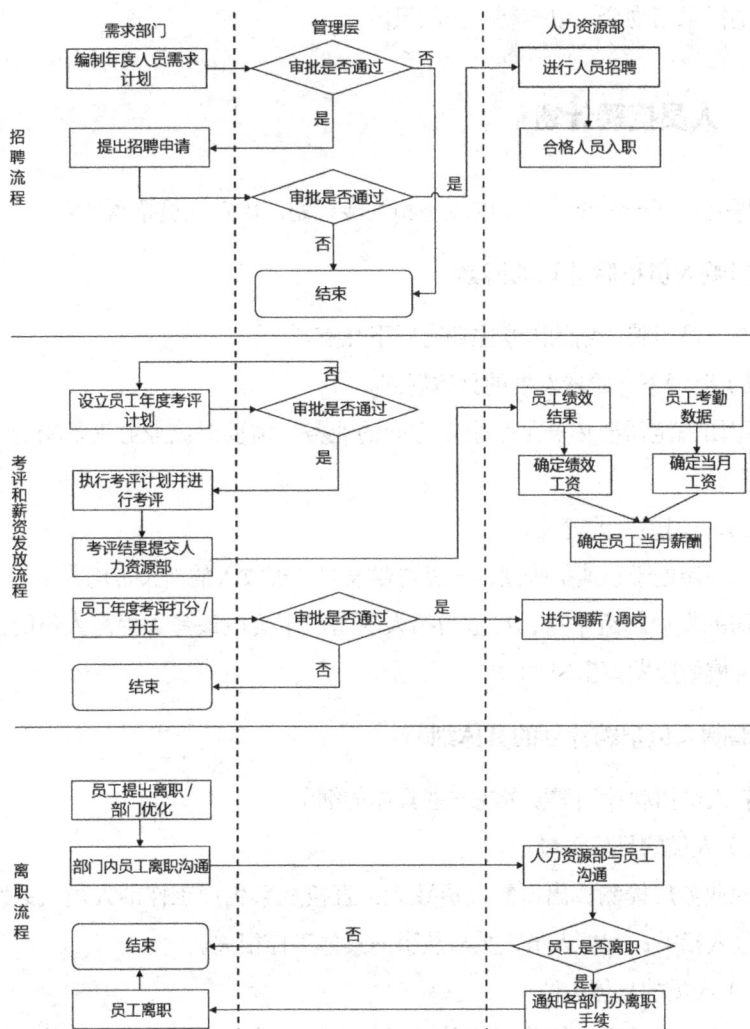

图 7-1 人力资源管理流程图

7.2 人员招聘

公司在做任何事情前都需要进行规划，简单地说，公司未来需要干什么事，干这些事需要什么人，这就产生了与公司的长远战略相适应的人员需求。

在人员的招聘过程中，公司需要遵循一定的流程，确保公司所招聘的人员与公司的需求相吻合，以控制相关的风险。

7.2.1 人员招聘计划

根据公司下一年或下一步的战略和发展规划，确定人员招聘计划。

1. 影响人员招聘计划的因素

影响人员招聘计划的因素主要有以下几点。

（1）公司下一阶段发展的具体规划。

公司如确定需要拓展某个全新方向的业务，需要对该业务进行相应的人员投入。

（2）公司规模的增长。

如果公司处于急速扩张期，一般需要根据销售收入的增长考虑人员的增幅。如果公司的发展趋近平稳，在适当招人的情况下更应该考虑提高人员的工作效率以将规模效应发挥出来。

2. 编制人员招聘计划的具体细节

编制人员招聘计划需要考虑一些具体的细节。

（1）人员的具体数量。

根据业务规模测算出所需人员数量：直接从事生产工作的人员人数跟生产及销售收入相关；间接人员人数与从事的具体工作相关。

（2）人员的具体岗位。

根据公司战略具体细化岗位并对岗位进行确认。不同的人员，其薪资的预算不同。在确定人员招聘计划时，要将相应的岗位也一并确定下来。

（3）人员的到岗时间。

人员到岗的时间会直接关系到业务开始运营的时间、预计所需要花销的费用及资金的使用情况。

在各个部门进行人员招聘计划编制时，可以将具体的岗位、需要到岗的时间按照一定的格式提供给人力资源部门，人力资源部门会根据岗位的级别、市场薪酬水平、公司薪资结构等计算出相应的成本，为公司的预算与资源整合提供数据支持。

7.2.2　人员招聘具体流程与内部控制要点

在人员招聘环节需要确保招聘需求已经过适当的管理层授权，人员与岗位的匹配度较高，招聘的员工能够留在公司。以下是人员招聘需要注意的控制点。

1. 人员招聘需求的控制

虽然每年年初做预算时都会将人员的招聘作为一项预算议题反复讨论，但这并不意味着部门到了预算的节点就可以直接招人，公司的运营环境、预期会出现各种各样的变化，因此在招人之前，依然需要部门对人员的招聘进行必要性分析、确认及审批。

人员招聘申请是做好人员控制的一个工具，针对不同工种的人员招聘需要进行不同的对待。

（1）管理人员、间接人员的招聘：预期招聘该人员会给公司带来什么效益，解决什么问题；所招聘的人员是否跟公司的战略、预算等相匹配。

（2）生产直接人员的招聘：生产直接人员人数通常是根据公司的生产安排计算出来的，在生产产量有变化时，相应的生产直接人员人数也会随之变化。

由于人力资源成本属于一旦固定下来就较难减少的费用，公司应对人员的招聘从严控制。

2. 人员招聘

当人员招聘需求被审批后，就进入人员招聘流程了。

（1）发布招聘信息。

招聘信息需要与岗位需求相匹配。在招聘人员的过程中，应该充分对面试者进行考核，以保证招聘到的人能够符合岗位要求，给公司创造价值。

（2）确定人选及薪酬。

面试后确定人选前，人力资源部应该对候选人进行背景调查，以确保人员的学历、经验和经历属实，无重大的违法、违规事件。

当招聘完成后，需要根据人员能力、岗位匹配度、公司的薪酬结构确定人员的薪酬，由适当的管理层授权。

批准完成后，人力资源部给候选人发放录用通知书。

（3）人员到岗入职。

在人员根据约定日期到岗后，需要与员工签订劳动合同，对员工的基本信息进行档案建立，开通员工工作所必要的相关权限。

员工入职后，应将公司的流程、规章制度、员工手册的内容告知员工，并对员工进行培训，保留培训的签字记录。员工手册需要员工进行阅读签收，这相当于合同约定的订立，表示员工需要履行该手册中约定的义务。员工手册在与法律法规不冲突的情况下，具有强制约束力。如果后续员工违反员工手册规定，公司可以按照相应的制度对员工进行处理。

7.3　善用薪酬绩效管理提升效率

薪酬的发放关系到公司的费用的准确性、合理性、合规性。本节主要介绍薪酬的发放流程，薪酬发放中公司会面临的风险点，如何进行相应的控制。

薪酬绩效管理是公司激发员工积极性的重要手段和工具。如何将薪酬绩效管理、调薪、升职等相关手段综合融入人力资源管理中，提高公司整体运营效率，是人力资源部门需要完成的工作。本书同时也对如何做好相应的风险管理进行简单的阐述。

7.3.1　薪酬发放的风险点及其控制

薪酬发放的目标：发对工资；保证领工资的员工都是真实存在的，而不存在因为舞弊编造出来的虚假员工。特别是员工多、机构庞大复杂、存在异地办公的公司更需要控制相关风险。为了达到目标，需要在日常的工作中做好以下几点。

1. 员工数据的管理

员工入职后，其薪酬数据和其他相关资料需要录入人力资源系统中，作为以后考勤、薪资发放的基础，该数据的准确性直接关系到员工的工资的准确性，因此需要对相关的数据建立相应的控制。

（1）数据录入变更与删除风险。

人力资源部对人员数据管理可能面临的风险有：

①员工数据泄露造成的隐私泄露风险；

②薪资数据录入错误造成薪资发放错误；

③员工数据未经审核，薪资发放给虚构的人员；

④薪资数据变更及删除未经合适的授权。

（2）相应的风险控制。

针对以上风险，公司可以设计以下的控制点以降低相关风险。

①权限限制：只有经过授权的人员才能接触员工档案。

②不相容岗位分离：数据的录入、更改和删除由一人负责，审核由另一个人负责。

③合理的监督：数据的录入、修改、删除必须由相关人员审核批准后方能生效。

④建立员工投诉机制：当发放的工资不对时，员工有渠道进行投诉。

2. 薪酬发放管理

薪酬发放与员工当月的考勤相关，需要进行相应的复核。另外，薪资的异动，即工资的增加或减少，以及人员的增加或减少，也是发放薪资时的审核重点。

（1）考勤的审核。

考勤的审核一般包括以下内容。

①正常考勤：员工是否按时上下班并进行考勤打卡。

②加班考勤：公司的加班是否需要事先审批，审批的手续是否符合制度要求。

③请假：员工的请假是否符合制度流程，是否有影响薪资发放的假期申请，若有，则需要将其影响体现在薪资计算中。

④异常考勤：员工因为忘记考勤打卡或其他特殊原因没有进行正常的考勤打卡，根据相应制度进行处理（如规定一个月可以有三次处理异常考勤的机会）。

（2）人员薪资的异动审核。

基本薪资的变动：员工薪资调整会导致基本薪资与之前不一致，人员的增加或减少也会带来基本薪资的变动。管理层在审核薪资时，实际上无法真正逐条进行复核，难以发现薪资的变化。为了更好地监控薪资变动对公司的费用的影响，一些公司除了要求建立正常的薪资明细表外，还会要求人力资源部准备一份人员薪资异动表，对管理层了解公司的薪资变化情况非常有帮助，基本薪资变动表示例如表7-1所示。

表7-1　2023年4月A公司基本薪资变动表

金额单位：元

姓名	变动原因	上月薪资	本月变动	本月薪资	备注
张三	升职	4 000	1 000	5 000	从普通员工晋升为主管
李四	岗位调动	8 000	−500	7 500	由市场部调入策划部
王五	新入职		6 000	6 000	财务部应收会计入职
郑六	离职	5 000	−5 000		销售主管离职
合计		17 000	1 500	18 500	

3. 员工真实性管理

在人力资源管理中，有一个风险叫作"吃空饷"。即在系统中建立一个不需要打卡上班的"虚构人员"，某些人将该虚构人员的薪资等据为己有。在大公司中，人员管理难度大，更给人可乘之机。一些人为了这样的利益铤而走险。

可运用正向工资审计（Positive Payroll Audit）对员工真实性进行管理。公司设计这样一个控制点，每年随机选择一天，将工资单中的员工与当天出勤的员工进行比对。对于当天请假的员工，后续做重点确认。由于这一天是随机选择的，所以没有办法提前准备，如果真的有虚构的员工，就会在这样的筛查中暴露出来。

🔍**案例 7-1**　ofo 大范围"吃空饷"的腐败现象

背景

作为曾经现象级的独角兽公司 ofo，其在 2023 年 2 月因 App 无法登录又一次引发了热搜。而从 2018 年至今，ofo 一直因押金未退引起争议。从资本热捧到信用破产，ofo 只用了不到 3 年的时间。这除了 ofo 恶性竞争和无序扩张外，其内部管理不善也起了推波助澜的作用。

风险及问题

在 2017 年，就有 ofo 的内部员工曝出公司运营团队腐败严重，由于招聘主要由区域运营专员负责，修车、摆车师傅都是由运营专员独立负责招聘和结算工资，这就给了运营专员可乘之机。内部员工称："由于区域经理全权负责招聘和发薪，所以想在这一项上贪污很简单，只需要向上级多上报五六个修车师傅名额，每月就可以多拿两三万元的费用，且上级不会追查。"

在人力资源管理和考勤上均没有完善的制度，让员工很容易钻空子，导致"吃空饷"的现象比比皆是。

分析

对以上的情况进行复盘，如果公司设置一些内部控制管理制度，进行精细化的管理，是能够规避以上的风险的。

（1）员工入职的管理。员工入职后，要求员工进行身份信息的核实，在异地上岗的员工，可以远程录像进行入职管理，利用远程工具进行员工面容收集，以便后续签到管理。

（2）考勤记录及运动轨迹。要求员工将公司的考勤系统装载在手机上，每天进行考勤签到，同时通过该系统可以收集员工的运动轨迹，让公司了解到员工在哪里，干什么。运动轨迹的造假会比较困难，通过虚报名额进行贪污的情况在一定程度上就会被遏制。

（3）工作日志。公司还可以要求修车和摆车的师傅通过公司管理系统，上传自己当天的工作内容，如修车的图片、摆车的图片。这一管理可以和上述的运动轨迹管理结合起来，形成一套完整的工作管理主线。

（4）监督和反馈。对于员工上传的相关数据，应有相关的稽核部门定期进行检查和抽查，同时可以利用计算机系统进行异常的排查，找到可疑点（如轨迹重合、路线一致等）。同时，也要使用稽核人员突击检查现场的方式对运营团队进行监督，让运营团队了解到公司的制度的严格性和执行的有力性，让人人心存敬畏之心，那么违规操作的可能性也就会大大减少。

总结与思考

（1）建立有效的内部控制制度对公司发展、控制风险都起到至关重要的作用，内部的管理不善容易造成公司的衰败。图 7-2 展示了一些防范"吃空饷"

的内部控制设计。

（2）将相关的制度贯彻到底。好的制度，需要进行落地和执行，相关人员应重视公司的风险，将控制执行到位，这能够帮助公司这艘"大船"在发展的海洋中航行得更远。

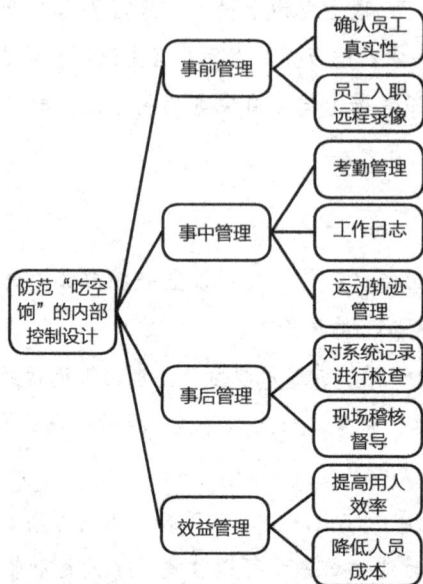

图7-2　防范"吃空饷"的内部控制设计架构导图

7.3.2　绩效管理及激励

绩效管理是公司整个战略落地的保证。公司的大方向和大目标确定后，将每个目标拆解到各个部门，确立部门的指标，再将部门指标拆解到个人。只有层层相扣、环环递进、从大到小，公司的目标才有可能实现。

1. 绩效管理的重要性

绩效管理能够协助公司将组织的目标与个人的目标串联起来，让员工与公司为共同的目标而努力。

好的绩效管理能够激发员工的积极主动性，从而推进工作的积极开展。相反，差的绩效管理会导致员工懈怠，甚至认为公司不公从而选择离开。

🔍案例 7-2　新的绩效管理激发员工积极性

A公司由于市场环境变化导致库存积压，存货在短时间内迅速增加，为了能够将存货水平控制在一定范围内，公司将存货水平作为KPI，对各个与存货管理相关的部门进行考核。考核进行了一年以后，该指标完全没有改善，反而有越来越差的趋势。

负责制定KPI的同事与各个部门进行了沟通，发现目前考核大家的这个指标是公司总体存货水平，这并不是任何一个单独的部门就能够改善的。

该指标包含以下方面。

（1）量产所需的原材料：此部分是由计划部估算需求后要求采购的，由计划部负责。

（2）研发和试制所需存货：这部分是由研发部要求采购的，由研发部负责。

（3）产成品：销售的预测由销售部提供，如果按照销售部提供的销售预测生产出的产品没有卖出去，这部分应该由销售部来负责。

由于大家都有责任，即使一个部门做好了，只要其他部门不努力，这个指标仍然不能达标，所以大家都选择了"躺平"。

在了解了以上的情况后，公司对KPI进行了调整。计划部负责原材料仓的存货水平；研发部负责试制仓的存货水平；销售部负责产成品的存货水平。在进行了以上的调整后，显然每个部门都有了积极性，试制仓的存货水平先有了改进，随后原材料仓的存货水平也有了改善。尽管总体存货水平仍然不达标，但是与之前相比有了大幅度的改善，研发部和计划部也因为自己的努力拿到了该有的绩效奖金，形成了公司与部门的双赢。图7-3展示了KPI变更前后的对比。

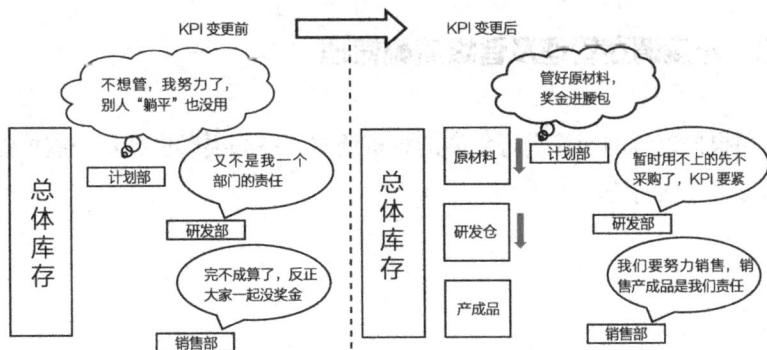

图7-3　KPI变更前后的对比图

2. 确定绩效管理目标要遵循的原则

确定绩效管理的目标要遵循一定的原则。这里介绍 SMART 原则，该原则是制定绩效管理目标的较好用的工具。

SMART 是五个英文单词的大写首字母组合，代表了五个原则。

①具体的（Specific）：目标需要具象化、清晰、有明确结果，明确具体的产出和交付物。比如我想减肥，就是一个模糊的目标。如果具体化，可以将目标定为 3 个月我想减少 6 斤体重。

②可衡量的（Measurable）：目标需要有可以具体计量的事件来表达实现的进度。以上关于减肥的例子中，"3 个月" 和 "6 斤" 都是可以用具体数据来衡量的。

③可达成的（Attainable）：目标只有切合实际，可实现，人们才会为之努力。3 个月减少 6 斤体重是可能达成的，但如果设的目标是 3 个月减少 30 斤体重，就不切合实际，难以实现。

④相关联的（Relevant）：设定的目标需要跟目的保持相关性。"3 个月瘦 6 斤" 这个目标跟 "减肥" 这个目的是相关的。

⑤有时限性（Time-bound）：目标需要在一定时间内完成，如减肥所限定的 "3 个月"。一个目标的完成必须有时间限制以控制风险。

3. 绩效考核与反馈

绩效考核需要形成一个定期的沟通、考评及反馈的机制，让工作中不好的地方得到关注和提升，使整个绩效考核成为激励公司正向发展和前进的动力，形成 PDCA[1] 的完整闭环。

7.3.3 年度调薪管理及晋级薪酬管理

公司根据每年的预算进行年度的薪资调整，在必要时也会对一些关键人员进行岗位晋级的调整。

---

1 PDCA：P、D、C、A 分别代表计划（Plan）、执行（Do）、检查（Check）、处理（Act），是美国质量管理专家沃特·阿曼德·休哈特首先提出的，由戴明采纳、宣传，获得普及，所以又称戴明环。

1. 年度薪酬调整管理

为了使员工在公司中长期稳定地工作，公司每年会对员工的薪资进行相应的调整。调薪的因素主要有以下几点。

（1）相应的岗位在市场上的薪资水平。

公司要使自己的薪酬留得住人，应了解市场上同样岗位的薪资情况，与市场上的薪资水平进行对标比较，及时调整公司的薪资水平。

（2）公司当年的涨薪预算。

公司的涨薪幅度应该与当年公司的预算相结合，原则上涨薪总金额不宜超过相关的预算，否则会带来预算超标和费用控制的问题。

（3）员工的个人表现。

员工平时的工作表现通常通过绩效考核的指标来体现。

2. 薪酬调整的审批流程

根据部门的考评分数进行员工薪资的调整，以总体调整金额在预算范围内为标准。完成初步评估后进行相应的审批，审批的权限根据公司的授信标准制定。

3. 薪资调整后的沟通

薪资调整审批完成后，员工的直属上级或者部门经理需要将相应的涨薪情况跟员工进行一对一的沟通，沟通完成后，薪资调整自预定的时间点生效。

4. 员工晋升

员工的晋升一般有两种情况。

（1）员工表现优秀，公司给员工提供更高级别的岗位职级。

（2）当公司内部出现岗位空缺或者岗位新增时，员工可以和外部的应聘者一起竞争相关的岗位，经过评估，员工能够胜任该岗位从而上岗。

7.4 人员离职管理

人员的离职会给公司带来流程数据断档、竞争风险增加、公司秘密泄露等方面的问题，因此，员工的离职管理也是人力资源管理中不可忽视的一个环节。

7.4.1 人员离职带来的潜在风险及其防范措施

人员的离职会带来潜在的风险，如何通过规范的制度将相关的风险降低到可接受水平，是人员离职管理中的重要环节。

1. 关键岗位人员的离职风险及对策

（1）竞业协议。

①签订竞业协议的原因：在公司中，特别是以技术为背景和拥有核心竞争力的小型初创公司，掌握公司关键核心技术的人员代表公司最重要的资产，如果这些人员离职，会给公司带来非常大的冲击。

②竞业协议的定义：公司跟核心员工签订竞业协议，规定员工在离职后的一定时间内不能从事与本公司有业务竞争的业务，为此，公司需要在禁止其工作期间内给予一定金额的经济补偿。

③竞业协议的期限和补偿：劳动法规定的竞业协议的期限不能超过两年，支付的经济补偿不能低于原来工资的30%。

🔍案例7-3 员工"跑路"了

背景

A公司看好自己所在的行业，为了延伸自己的产业链，想将自己的产业扩展至上游供应商处，其看中了一家技术先进、拥有多项专利的B公司。在经过几个月的艰难谈判后，A公司花了巨大的代价收购了B公司75%的股权。但当时急于收购的A公司并没有做好前期调查和相关关键人员的限制工作，在收购协议中也没有关注到相关的风险。在A公司收购完成后，B公司的几个骨干带着自己的专利技术又成立了一家公司，由于当时B公司没有和这些人员签订竞业协议，收购协议中也没有对B公司这些骨干进行限制，导致此次收购失败。A公司花费了大量的金钱，却只收购到了一个没有技术的空壳公司，可谓赔了夫人又折兵。

启示

这个案例提示我们，公司在进行收购时，一定要对收购的目的有一个清晰的认识：如果公司的核心价值是人，就必须在收购时对核心技术、团队进行限制；如果收购的是公司的资产和对生产运营的管理，就必须保证相应的资产及运营团队稳步过渡到公司手中。

（2）保密协议。

公司中的一些知识、技术是在竞争中给对手构筑的壁垒。为了防止员工离职后泄密造成损失，公司可以在签订劳动合同的同时要求员工签订保密协议，在保密协议中规定，员工不得将在工作中得知的一些公司的秘密泄露给竞争对手或其他公司，否则需要承担相应的赔偿。

2. 员工离职交接不清造成的风险及对策

公司需要制定相关的制度和控制流程，使相关的工作不因为人的变更而发生变化。

制定完善的流程防范人员变更交接不清风险。公司应该制定完善的部门职责、档案管理规定，让员工有规可依、有章可循。

另外，在员工进行交接的过程中，应尽量遵循清晰和清楚原则，将日常的事务、工作内容、正在跟进的事务、工作资料等分门别类地进行归纳总结，提交给新人。

3. 改善人员的离职情况

人员的离职率过高会导致公司的隐形用人成本大大增加。

通过对离职人员的访谈，人力资源部可以了解到一些相关的情况，以此为基点逐步改善。降低离职率有利于提升员工的效率，降低隐性成本。很多公司也会将人员离职率作为考核 HR 的一个重要指标。

7.4.2　离职人员的交接

当员工申请离职并确定后，在人员的交接过程中应注意以下方面。

1. 本部门交接

本部门交接涉及工作职责类的、具体工作类的以及资料类的交接，下面就以应收会计交接为例，介绍交接的相关内容。

（1）工作职责。

在应收会计的工作职责交接清单中，明确每天、每周、每月都需要做哪些工作，这是事务性的概述。

（2）具体事件。

具体事件是指目前还没有完成的工作，需要新来的员工跟进。比如销售合同还未收回、某家公司的应收账款还未收到等。

（3）资料工具。

在工作中需要用到的资料或者工具，如开票网站、操作手册等，都需要交接给新员工，并制作具体的交接表。

2. 其他部门交接

在完成了本部门的主要工作交接后，还有一些涉及其他部门的交接，一般包含以下方面：行政事务、IT 事务、财务欠款及人力资源部工资结算等。

离职程序是控制公司相应风险的一个重要环节，好的离职程序能够帮助公司将工作顺利开展下去，让公司的制度、资料、经验传承下去，最大限度地减少人员离职带来的损失。

第 8 章

企业的投资环节
——固定资产投资及其他投资管理

投资是企业通过现金或现金等价物的投出，在未来取得某项收益的过程。好的投资能够让企业在未来的发展中占据优势，或提高竞争力，或降低成本。在企业中，常见的投资是固定资产投资，此外，还包括一些非固定资产的其他投资。

8.1 以取得正回报为导向的固定资产投资

在企业的初始阶段需要进行固定资产投资，如果需要提升产能，也需要进行固定资产的投资。

投资前需要进行投资回报率的测算，以确认投资是否可行。固定资产的采购、管理、折旧以及报废都需要在企业的监控之下，以保证资产的完整性和妥善保管。

8.1.1 年度固定资产投资计划

公司在做预算时，除了要做以正常的收入、成本、费用为代表的利润预算外，还要制定年度固定资产投资计划。

1. 产生固定资产投资需求的原因

产生固定资产投资需求的原因一般有三类。

（1）新建性需求：公司新建需要投入相应的设备和资产，因此会涉及固定资产的投资。

（2）替换性需求：公司现有的固定资产老旧，已经无法再进行生产或使用，需要对固定资产进行替换。

（3）发展性需求：由于要提升产能、投资新的产品等而采购新的固定资产属于发展性需求，这部分投资是会给公司带来新的增长点的。

2. 固定资产投资计划的评估

与编制年度预算相似，公司也需要进行固定资产投资计划的评估。在公司资源有限的情况下，公司会将资源使用在能发挥更大价值的项目上，以产生更高的回报。经过审批的固定资产投资计划将作为公司后续进行固定资产投资的依据。

8.1.2　体现投资回报的可行性分析

在实际进行固定资产投资申请时，申请部门还需要对固定资产的投资进行具体的分析。有别于编制固定资产预算时的粗略方向性分析，此处的可行性分析需要"明明白白"地告诉固定资产投资申请审批者，这个投资能赚多少钱。

在财务管理中，我们会接触几种项目的评价方法，如净现值法、现值指数法、内含报酬率法、回收周期法。这里介绍两种常用的方法——净现值法和回收周期法。这两种方法都是针对新建性需求或发展性需求的，不适用于替换性需求（替换性需求仅是原来的资产无法使用所以替代购入，不会产生任何现金流的增量）。

1. 净现值法

简单来说，净现值法就是把未来能收回来的钱按照期望的投资回报率折为今天的现值，算算这个项目的回报是正的还是负的。如果是正的，当然能够带来期望回报；如果是负的，则不能带来预期的回报。

净现值 = 未来报酬总现值 - 建设投资总额，公式为：

$$\text{NPV} = \sum_{t=1}^{n} \frac{\text{NFC}(t)}{(1+K)^t} - I$$

公式中：NPV 表示净现值；NFC（t）表示第 t 年的现金净流量；K 表示折现率；I 表示建设投资总额；n 是项目预计使用年限。

2. 回收周期法

简单来说，回收周期法就是计算投资出去的钱，能在多长时间内收回，根据所需时间的长短来进行投资决策的方法。

8.1.3　固定资产的审批与采购

测算出固定资产的投资回报率符合公司的预期，下一步应进行固定资产的审批和采购。

1. 固定资产的审批

由于固定资产的投资属于一个长期性的、慢回收的过程，在此过程中可能会经历各种变化，公司需要谨慎评估，根据授权权限不同进行审批。

这里介绍两个经常使用的名词。

① Capex：资本性支出，是 Capital Expenditure 的缩写，在财务 BP 工作中，经常需要进行固定资产投资的审批。

② Opex：运营性支出，是 Operating Expense 的缩写，如经营活动中所需要支付的一些支出。

固定资产的审批通过后，应对固定资产进行编号管理，根据编号进行下一步的采购，这样能确保所有的固定资产都经过合适的审批。

2. 固定资产的采购

固定资产审批解决该不该买的问题，那么固定资产采购解决的就是买什么的问题。

（1）确定供应商。

①供应商谈判的参与部门：采购部寻找供应商进行性能、质量、价格的对比；相关的使用部门或者技术部门应充分参与产品功能确认和价格谈判的过程，防止购入的固定资产与使用部门的需求不符。

②合同风险把控：当确定供应商后签订合同时，应将设备相关的参数、技术指标、实现的功能等在合同中进行详细的约定，并且规定清楚如果设备不达标的处理方式，以防止后续设备出现问题造成纠纷。

（2）订单及合同的审批。

供应商的订单及合同经过相关有权人审批，才能继续进行。审批人对固定资产的价格、合同条款进行审核并予以批准。

8.1.4 固定资产的管理及维护

采购固定资产后，需要做好固定资产的验收及标签管理、账务处理、预防性保养及维修、定期盘点及减值准备的计提等工作，本小节将对相关的内容进行介绍。

1. 固定资产的验收

当固定资产达到可使用状态后，应通知相关的部门进行验收。验收时，一般需要完成相关的验收单，使用部门进行签字确认，并将相关单据传递到财务部门，以便财务部门了解固定资产已达到可使用状态，安排后续的货款支付或固定资产的入账工作。

表 8-1 所示是固定资产验收单的模板，公司可以根据实际情况进行固定资产验收。

表 8-1　固定资产验收单

固定资产验收单 Fixed Assets Acceptance Form 编号 /No.:			
固定资产编号 Fixed Asset No.		固定资产名称 Fixed Asset Name	
资产类别 Asset Category		资产序列号 Asset Serial No.	
使用部门 Use Department		存放地点 Storage Location	
使用状况 Usage		使用年限 Useful Life	
供应商 Vender		购置日期 Purchase Date	
规格 Specifications	意见 Opinion		责任人签名 / 日期 Person Responsible Sign/Date
相关部门 Relevant Department			
资产管理部门 Asset Management Department			
财务核算部门 Financial Finance Department			
备注： Remark			

2. 固定资产编号及标签管理

给固定资产编号并且贴标签是固定资产管理的基本工作，也是公司对固定资产进行财务处理、维修保养及盘点等后续工作的基础。

在科技发达的今天，标签管理已经升级为二维码信息管理甚至是物联网射频标签管理。通过扫描二维码了解相关信息并进行盘点，或者通过物联网射频主动发送信号，固定资产的位置直接被接收，从而确认固定资产的位置和状态。

3.固定资产的账务处理

大型公司一般在 ERP 系统中建立固定资产卡片，在系统中对固定资产进行后续管理（如月末的折旧计提、转移、报废等）。没有 ERP 系统的公司需要进行手工登记、计提折旧等工作。在确认相关固定资产的数据时，主要有以下两个方面的影响因素。

（1）固定资产的种类。

固定资产的种类大致分为房屋建筑、机器设备、运输设备、电子设备、办公设备、工具设备、其他设备等。不同类型的固定资产有不同的使用寿命和折旧年限。

（2）折旧政策。

折旧政策分为集团的折旧政策、本地的折旧政策及税法要求的可税前扣除的折旧政策。这是三个不同的概念，前两个和会计准则相关，最后一个与税法相关。

🔍**案例 8-1　到底有多少种折旧政策**

小 A 在对 A 公司审计的时候，发现 A 公司关于固定资产折旧的账簿就保存了三份。作为刚接触审计的新人，小 A 无法理解这种做法，觉得 A 公司财务管理好乱，这些账簿把他绕晕了，于是小 A 去请教项目经理。

项目经理没有立刻研究三本账簿，而是与客户进行了访谈，了解客户的固定资产折旧政策，于是拿到了这样一份答案：

A 公司的固定资产折旧分别受集团固定资产折旧政策、本地固定资产折旧政策和本地税务政策影响。

集团固定资产折旧政策

集团要求，单次采购金额在 2 000 美元以上或批量采购金额在 2 万美元以上的使用超过一年的固定资产计入固定资产。除机器设备按照 10 年折旧外，其他固定资产一律按照 3 年进行折旧。

本地固定资产折旧政策

本地的管理层发现，如果贯彻集团的折旧政策，就会有同样的固定资产因为采购数量的不同而折旧处理不一致的情况。比如单独买一台计算机，金额不超过 2 000 美元，就不计入固定资产；但如果批量买入计算机，一批计算机的金额在 2 万美元以上，就都计入固定资产。管理的不一致性给管理层造成困惑，本地管理层制定了自己的规则：5 000 元人民币以上的计入固定资产。折旧年限与集团保持一致。

本地税务政策

除了电子设备、机器设备外的其他设备的折旧年限都短于税法规定的最低折旧年限，因此要进行调整计算。

了解以上三大折旧政策的不同后，就能非常清晰地完成相应固定资产折旧的梳理了，以一张采购价值为 7 000 元人民币的电脑桌为例，不同政策下的固定资产处理如图 8-1 所示。

集团固定资产报表	
固定资产	金额（人民币）
本期新增	–
新增电脑桌折旧	–
年末固定资产影响	–
利润表	
管理费用	7 000
本期利润影响	−7 000

本地固定资产报表	
固定资产	金额（人民币）
本期新增	7 000
新增电脑桌折旧	2 333
年末固定资产影响	4 667
利润表	
管理费用	
本期利润影响	−2 333

税务折旧调整	
固定资产	金额（人民币）
本期新增	7 000
新增电脑桌折旧	1 400
年末固定资产影响	5 600
利润表	
管理费用	
本期利润影响	−1 400
应纳税所得额调整	933

图 8-1　不同政策下的固定资产处理

项目经理还梳理出以下说明。

（1）根据集团固定资产折旧政策，电脑桌不应该计入固定资产，因此全部计入了管理费用，对当年利润额的影响是 −7 000 元。

（2）根据本地固定资产折旧政策，电脑桌计入固定资产，按 3 年折旧（假设固定资产是去年底购入的），进行了 1/3 的折旧，因此对本期利润的影响

是 −2 333 元。

（3）根据税法规定，电脑桌属于家具，最低折旧年限为 5 年，进行 1/5 的折旧，折旧为 1 400 元，因此当期应该调增利润 933 元。

4. 固定资产的预防性保养及维修

（1）预防性措施——定期保养。

公司应对固定资产进行日常的点检，确认固定资产的状态，进行预防性的保养，帮助机器设备处于较好的状态以应对生产。

一些公司使用生产执行系统（Manufacturing Execution System，MES）对生产进行管理，该系统会记录机器设备的状态，定期提示需要对固定资产做维保工作，以保证预防性的措施都被执行。

（2）纠正性措施——维修。

由于保养不到位或者使用有误致使机器损坏需要进行维修，不仅造成维修成本，还有可能造成生产停滞的隐性成本。纠正性措施的成本往往大于预防性措施的成本。

5. 固定资产的盘点

（1）盘点的目的。

固定资产需要定期进行盘点，以确保固定资产的存在性，确认是否妥善保管固定资产、是否有闲置的固定资产、是否有损坏的固定资产需要进行报废等。

（2）寄存的固定资产盘点。

一些公司的模具或其他固定资产由于委托加工等原因被寄存在供应商处，盘点时应发出资产的询证函，要求对方进行确认回传。

（3）盘点结果处理。

盘点发现差异应及时查找原因：

①如果固定资产转移给其他部门或公司，应及时办理手续，处理相关的账务；

②如果固定资产闲置，应找出闲置的原因，如果长期不适用则考虑进行变卖以换回现金流；

③如果固定资产损坏或丢失，应进行固定资产的处置。

以上各种情况都应该在适当的审批完成后进行，以确保固定资产的变动经过合适的管理层审批。

6. 固定资产的减值准备计提

如果固定资产的价值发生下跌，应对固定资产计提减值准备，根据企业会计准则的要求，固定资产减值准备一经确认不得转回。

（1）计提固定资产减值准备的条件。

每年需要对固定资产进行减值测试，如果发现价值下跌，应计提固定资产减值准备。简单来说，就是如果固定资产不值那么多钱了，就应该计提固定资产减值准备。

（2）固定资产减值准备不能转回。

不像存货和应收账款这类流动资产，存货跌价准备或者坏账准备计提后还能转回。固定资产减值准备不能转回。主要原因有：出于谨慎性原则，确认固定资产减值是永久的才可计提固定资产减值准备；防止企业进行利润操纵。

8.1.5　固定资产的报废

固定资产报废需要注意会计处理及残值的收回，另外还要关注收回的金额需要缴纳增值税等相关税费以避免合规风险。

1. 固定资产的报废审批

当固定资产无法使用时，根据残值的不同请公司中的有权审批人进行批准。审批完成后进行报废。

2. 固定资产报废的实物处理

当固定资产报废时，应考虑能实现其价值最大化的报废措施，如：可以销售给原来的厂商使其作为备品备件来使用；在二手市场处理；当作废品出售。

3. 固定资产报废的会计处理

财务应将固定资产的残值与收回的现金都转入"固定资产清理"科目，盈利确认为营业外收入，损失确认为营业外支出。

4. 固定资产报废的税务处理

在销售二手固定资产时，对一般纳税人来说，如果是 2009 年 1 月 1 日之前取得的固定资产（或扩大抵扣范围之前，那时固定资产增值税不允许抵扣），固定资产出售时按 2% 征收增值税。如是 2009 年 1 月 1 日之后取得的固定资产，抵扣过增值税，那么按 13% 缴纳增值税，农机等按 9% 缴纳增值税。

另外，对于金额损失（以地方税务具体规定为准）较大的，根据企业资产损失税前扣除政策，准备由专业技术人员出具的鉴定意见或法定资质中介机构出具的专项报告以备查。

只有将以上事项做好，才能保证固定资产的报废合法合规并符合公司内部控制的要求。

8.2　其他投资

公司常见的其他投资一般表现为对其他公司的股权投资，用以扩展其产业链或发展多元化产业。当公司有富余的资金时，会进行以获取投资收益为目的的其他投资。本小节对部分其他投资及其所面临的风险与对策进行阐述。

8.2.1　股权投资

当公司成长到一定规模，需要扩大投资时，例如收购其他公司、影响其他公司时，就会出现股权投资。

1. 股权投资的优点

（1）具有杠杆效应，用更少的钱控制更大规模的资产。

（2）有利于实现协同效应及规模效应。

股权投资为公司的成长性布局，如延伸产业链，将公司的"触角"伸向上下游产生，更好地控制产业链，产生协同效应，为公司的发展服务。

如果并购同类公司，则公司可以通过占有更多的市场份额，取得更大的话语权，实现规模效应。

（3）多元化布局。

股权投资可以为公司打造多元化的产业以抵抗风险。

（4）股息免税。

符合条件的居民企业间的股息分配是免征企业所得税的，相对于以个人股东身份取得的投资分红需要缴纳税率为 20% 的个人所得税，使用公司投资公司更具有优势。

2. 股权投资的风险

在进行股权投资时，需要注意相应的风险。

（1）潜在负债及其他风险。

在进行股权投资前，应对被投资公司进行尽职调查，尽职调查应当充分，除对常规的内容如潜在负债、法律风险等调查外，还应对市场进行判断分析，以防止收购失败。

🔍案例 8-2　明基的一次失败收购

2005 年，明基收购了西门子的手机业务，非但没有花钱，反而被倒贴了 2.5 亿欧元。正当明基还沉浸在得了便宜的喜悦中时，仅一年时间，收购的西门子手机业务亏损达到 6 亿欧元，2006 年年底西门子手机业务不得不宣布破产。明基在此项交易中亏损达到 8 亿欧元。

这次失败的教训在于：投资需要谨慎，不仅要对企业的报表、法律风险等进行调查，还要有敏锐的市场判断能力和前瞻性，对企业未来的方向和发展有明确的规划。

明基没有认清手机业务的市场发展，也没有对西门子的手机业务部进行深入的调研，导致一接手就出现了巨额亏损的局面，在苦苦支撑了一年后，不得不以失败告终。

（2）潜在文化冲突风险。

在现实中，很多收购的失败是因为公司低估了文化融合的难度。我曾经碰到合资企业中中方和外方的管理团队很难融入对方而造成企业亏损，外方在苦苦支撑几年后不得不放弃合资，转而自己创办外资企业，很快企业就取得了盈利。

要管理好一家公司，除了考虑冷冰冰的制度和流程，也要充分考虑公司间的文化融合。

8.2.2 债券投资及股票投资

除了在第 6 章中介绍的一些低风险投资外，公司还可以从事一些其他投资，如债券投资、股票投资等。

1. 债券投资

（1）国债：公司投资国债的风险较低，且取得的国债利息一般不需要缴纳企业所得税。

（2）企业债券：投资企业债券取得的企业债券利息不免税，另外由于企业资质不同，不同企业发行的企业债券的风险系数也不同，在投资企业债券之前，一定要对企业的财务、经营、市场情况进行充分的了解，防止投资损失。

2. 股票投资

一般不建议以公司的名义进行股票投资，因为以个人名义进行股票投资会有更多的税收优惠。但也有些进行股票投资的公司最后上市了，于是这笔投资就变成了上市公司的股票投资了。在这种情况下，上市公司进行股票投资时应注意披露风险，凡是单笔买卖数量或累计数量达到一定的限额，都需要及时进行披露，以避免不合规风险。

第 9 章

业财融合降本增效
——财务报告及预算管理

本章介绍财务报告及相应的管理，第3章至第8章给大家梳理了企业常见业务的条线，那么本章就要进入财务管理的环节。财务，是最终反馈企业经营状况的地方。前端的业务流程、数据犹如泉水一般，最后都会汇集到财务这口水塘中，财务人员通过分类归总，最终形成企业的财务报告。与其说财务报告是财务部制作的，不如说财务部是最终结果的"搬运工"，所有的数据都来自业务，所有的财务报告又都为反映业务而存在。流程和数据融为一体，最终体现为业财融合。

用数字驱动业务改善，降低成本，提高业务的附加值，是财务的价值体现，本章将以如何利用财务分析推动业务的改善为主线进行阐述。

9.1 搭建高质量的财务报告体系

万丈高楼平地起，任何高质量的财务分析和成本控制都是建立在准确的财务基础数据上的。为了能得到高质量的财务基础数据，就需要做好财务报告的基础科目建立的工作。本节将介绍会计科目的建立及其风险管理、财务手册管理、关联公司对账及合并报表。

9.1.1 系统配置、会计科目的建立及控制

想要得到一份高质量的会计报表，就必须将基础的会计科目建立好，利用系统将控制内置在系统的后台配置中，预防出错，这样能够最大限度地保证数据的准确性。

1. 系统后台的配置

随着 ERP 系统的普及，其他流程产生的单据会自动生成凭证。正确清晰的会计科目配置，会让数据的质量大大提高。同时在系统中实现的配置也是控制中较有效的一种形式：应用控制（如 2.1.3 节中所描述），一次设置，可以使系统一直有效地运行。下面介绍系统配置助力财务提高效率的案例。

（1）采购货物的税率配置。

采购货物的税率通常是和供应商所供应货物相关的，我们在设置供应商主数据（Vendor Master Date）的时候，就可以将相关的税率与供应商关联。

🔍 案例 9-1 　如何预防错误的税率

应付会计小 A 的工作效率不高，主管对其工作进行检查的时候发现，采购部有人员流动，由于有些人对订单中税率的概念不是特别清楚，经常会出现错误，小 A 需要花费大量的时间跟采购员沟通，要求他们修改订单中出现的税率错误，如果采购员不能及时回复或者修改，小 A 的工作就会被耽误。

针对这种情况，财务、采购和 IT 部门进行了流程的回顾和改善措施的制定，将原来的订单中的税率不跟供应商关联，需要采购员手工填写，优化成：在确定供应商时，就根据供应商的性质和所供应的货物类型将相关的税率录入供应商主数据中，当采购员下订单时，相关的税率自动从供应商主数据中带出来，取消采购员能够修改税率的权限，这样，订单中的税率的准确率大大提高，小 A 也能及时完成工作，效率大大提高。图 9-1 展示了系统设置税率控制对工作效率的影响。

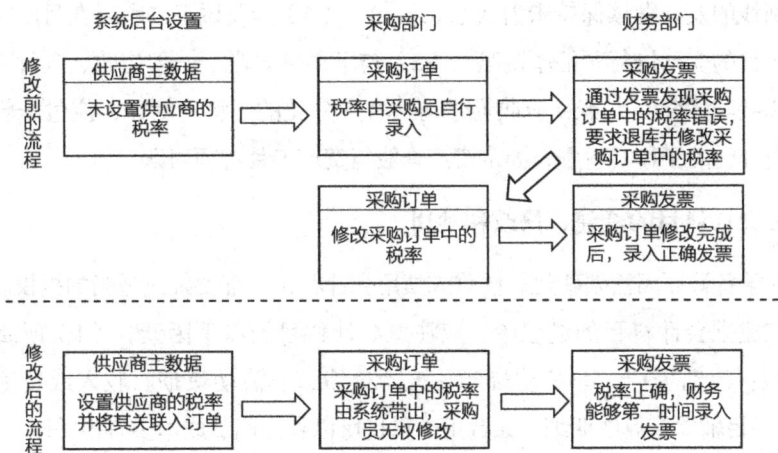

图 9-1　系统设置税率控制对工作效率的影响

（2）费用科目的配置。

一般一些辅助性的物料以及费用性的支出，可以直接计入费用科目中，这样大大提高了准确率和效率。

2. 会计科目建立要素

我曾经参加过公司 SAP 系统的上线工作，由于国外顾问不了解中国的会计准则，所以我的任务就是提供会计科目后台配置的参数。在这个过程中，我了解到，有很多的因素会影响到一个会计科目的建立。（1）与币种有关的一些科目可以允许使用外币计价，如现金、银行存款、应收、应付等；一些科目则是不允许以外币计价的，如存货（存货计入系统中需要固定，以确定的价值进行成本的计算，汇率变动不应该影响存货价值）和固定资产（固定资产按照历史成本法计价，后续要以固定的金额进行折旧）。（2）一些科目是不允许手工录入的：存货，由于所有的库存的移动，都是以仓库中的收料、发料、移动、出库为前提的，这些单价完成后会自动生成凭证，为了保证库存的准确性，一般不允许在总账中直接对存货进行调整，这样会导致报表存货和仓库库存数据不一致；折旧，由于固定资产折旧是完全通过固定资产卡片和模块运行的，一般不建议进行人为的干预以打乱系统的运算逻辑。（3）一般应收、应付、预收、预付等会进行未清偿项目管理：在未清偿项目管理中，每一笔发票都会变成一条未清偿项，当收到款项后，财务需要标记这些收款是对应的哪些未清偿货款，以便能够准确地追踪每一张发票的状态——已经付款的发票被关闭(Close)，没有收到钱的发票继续保持未清状态(Open)。（4）涉及调汇的科目在月底时是否根据科目的变动进行了汇率调整。（5）与子科目对账：一般应收、应付和固定资产需要与子科目对账：应收通常与按客户分类的子科目对账；应付一般与按供应商分类的子科目对账；固定资产一般与资产卡片进项对账。

3. 会计科目的新建、修改和禁用

由于各种原因需要新建、修改或禁用会计科目，都要经过适当的授权。

在建立会计科目的过程中，应注意会计科目的以下因素。（1）所属的科目类型：流动资产、非流动资产、流动负债、非流动负债、收入或费用等。（2）科目辅助核算的明细，如费用类科目可以和部门、成本中心相关联。（3）与其他系统对接的相关账户的设置：如果公司使用其他系统进行合并报表工作，与这些系统对接的相应账号应该进行统一的管理和设置，如一些跨国集团将会计科目的新建和修改权限集中到总部，就是为了进行统一管理，防止出现一些科目处于管理"盲区"。

9.1.2 财务流程工作手册

任何一项工作都需要标准化的作业流程（Standard Operating Procedure），财务也一样。如何让财务人员知道"干什么""怎么干""得到的结果是什么"呢？财务工作手册是一个很好的选择。

（1）干什么：目标。

（2）怎么干：具体工作的步骤。

表9-1所示为销售收入确认财务流程。

表 9-1 销售收入确认财务流程

序号	流程	上游信息来源	需满足条件	系统操作路径	生成凭证	相关规定
1	确认销售收入	物流部			借：应收账款 　　贷：主营业务收入 　　　应交税费——应交增值税（销项税项）	收入准则：在控制权移交后方能确认销售收入
1.1	工厂交货（EX Works, EXW）条款下交货		确认货物已经出厂并移交给客户	供应链—销售管理—出库单生成发票		
1.2	税后交货条款下交货		货物已经送达客户指定地点，并取得相关签收证明			

（3）得到的结果是什么：明细账和报表中如何反映。

财务操作流程、凭证汇总后的结果都会反映在各个报表中，因此我们在完成了相关工作后，应该对明细账、报表进行分析和检查。这些分析有助于我们发现问题并及时调整。

财务是一个长期与数字、风险打交道的工作，在工作中培养自己的归纳总结能力，有助于更好地完成自己的工作，也有利于更好地积累工作经验。

9.1.3 关联公司对账及合并报表

集团公司为了对公司的整体运营情况进行了解从而作出决策，通常需要进行合并报表编制。编制合并报表的前提是对账，这里所说的账就是关联公司之间的交易往来及余额。

1. 关联公司对账

关联公司可能采用不同的系统，或者系统并未完全串联在一起，在这种情况下，就需要财务对账。

对账遵循流程：对账单一般由应收方发给应付方，如果出现差异，通常是应收方已经发货而应付方暂时未收到货物导致的，因此此部分差异会由应付方记入在途存货中，以保证双方的应收和应付保持一致。

2. 合并报表

在大型集团公司中，编制合并报表是财务部一项重要的工作。报表可以手工合并，也可以使用系统合并，如海波龙（Hyperion）等都是企业常用的合并系统。以下对编制合并报表时可能碰到的风险点及应对措施进行简单的介绍。

（1）未实现利润的抵销。

当关联公司间交易的产品最终未实现销售时，未实现利润需要在合并报表时进行抵销。如果公司的关联交易涉及几个公司，并且每个公司都会对关联公司的产品再深加工，在产品最终销售给客户时，一定要对其中的未实现利润部分进行检查确认，以防止通过关联交易虚增利润。

（2）合并报表的数据完整性。

为了防止提供给总部的合并报表的数据有遗漏，或者系统科目设置有问题（子公司新建本公司的会计科目编码的同时，也需要赋予该科目集团合并报表的科目代码。如果忘记赋合并报表编码，就会产生数据无法抓取到合并报表的错误。）造成数据不完整，一般要求子公司在上传完合并报表数据后，再从系统中将本公司的数据下载下来，与源数据进行对比，以确保数据不存在遗漏，保证合并报表的完整性。

9.2 打造适合不同阶段企业的更有效率的预算管理

如果说财务报告体系是财务工作的基础，那么预算管理就是公司中有效的财务管理手段。预算管理的目的在于让公司运用数字化的手段将未来的目标具象化，并且进行定期追踪，使管理层了解到偏差在哪里，及时进行纠偏和调整，协助公司将相应的降本增效目标分解落地。预算管理也是财务对公司的风险进行追踪并管理的一种手段。

本节中，会介绍预算的划分，销售预算的编制、成本预算的编制以及费用预算的编制及各自对应的风险点。

9.2.1 预算的划分

1. 按预算的基础划分

按预算是否参考以前年度的数据完成，预算可以分为增量预算和零基预算。

（1）增量预算。

增量预算是指以之前年度的数据为基础，识别出其中的特殊项，根据本年的预期，将相应的项目进行调整，从而得出本年的预算的一种方法。

（2）零基预算。

零基预算，就是完全没有基础的预算，一切预算都是从零开始的。零基预算有利于公司获取更经济、有效的资源分配方法。

2. 按预算的状态划分

根据预算是否随着销售额的变化而浮动，预算可以分为固定预算和弹性预算。

（1）固定预算。

固定预算是指一经确定就不再变化的预算，如果公司处于一个较稳定的市场，那么采用固定预算相对来说比较合适。

🔎案例 9-2　固定预算的弊端

背景

某汽车发动机配件厂商预计 2023 年将大干一场，预测 2023 年将有 10 亿元的销售额。但是随着新能源汽车的兴起，油车市场在 2023 年第一季度呈断崖式下跌，第一季度预测的 3 亿元销售额只完成了 1.4 亿元，公司亏损 3 000 万元。

现象

在第一季度的回顾会上，管理层发现一个很不合理的问题，公司亏损严重，可是每个部门的费用控制指标均达标了，甚至都拿到了指标的最高分。

分析

这样的不合理就来源于公司使用的是固定预算，当公司业务萎缩的时候，相应的费用没有随着业务的减少而调整，用 3 亿元的配置去干 1.4 亿元的事情，当然不会超标，但这样的资源配置显然不合理，公司预算变革迫在眉睫。

（2）弹性预算。

弹性预算是指根据销售额变化而进行调整的一种预算编制法。对业务变化较大的企业，该预算方法更合适。

①编制弹性预算的基础。

编制弹性预算，应首先对费用进行分析，分清固定成本、变动成本及混合成本。

●固定成本：指在一定业务量范围内，不因业务量变动而改变的成本，如房屋厂房的折旧、房屋的租赁成本、机器设备的折旧等。

●变动成本：指与业务量成正比例变动的成本，如生产产品的原材料、生产线上的直接人工等。

●混合成本：介于固定成本和变动成本之间的成本，如水电费、生产所使用的低值易耗品等。

②对每种成本进行产量变动分析。

除了固定成本外，对其他的成本需要分析其与产量之间的变化关系，从而预测成本。这里介绍两种方法。

●使用 Excel 的散点图添加趋势线找出对应关系。

将产量和想要分析的费用一起填写在表格里，然后利用这个表格画出散点图。图 9-2 是一家公司的水电费和产量关系的散点图。图中的 R^2 越接近 1，则线性关系越强，用公式算出的费用越准确。

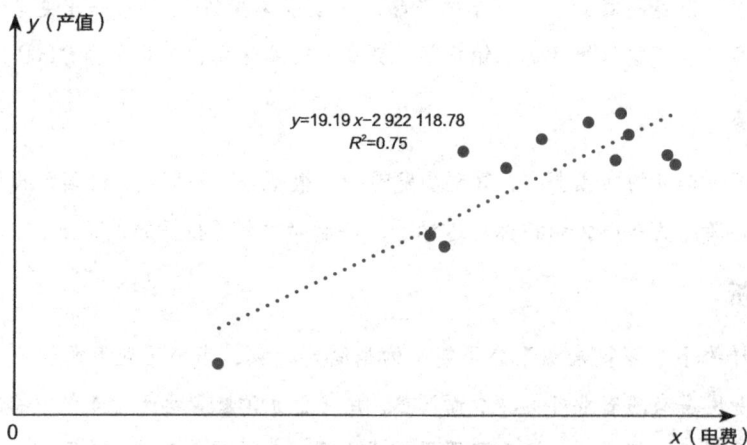

图 9-2 水电费与产量关系散点图

R^2 是相关系数，越接近 1，说明二者的相关性越高。

●使用历史数据估算费用与产量的关系。

根据公司历史数据，推测出费用与产量的关系。当产量降低一定比例时，则各种费用按照相关比例进行调整。

研究发现，即使是一些被认定为变动成本的费用，其变化也不一定与产量变化完全一致，如公司产量增加100%，直接人工增加95%就够了。因此有必要根据公司历史数据建立适合公司的弹性预算数据库。

厘清上述关系，建立不同类型费用与产量变化之间的变动比例数据库，就能测算出生产变化后的产量所需要花费的费用。

3. 按预算是否随时间等变化划分

按预算是否根据时间和外部环境的情况进行调整，预算分为定期预算和滚动预测。

（1）定期预算。

定期预算是指在上年度就将本年度的相关预算数据固定，不随着情况的变化而调整预算的一种形式。

定期预算的优点是预算编制相对容易，后续也无须花大量的时间进行预算的调整。同时考核指标也具有一定的固定性。

定期预算的缺点也很明显，即无法对市场的变化和后续发展出现的新情况进行反映。

（2）滚动预测。

在介绍滚动预测这个概念之前，需要明确两个词汇。

①预算（Budget）：预算是指对年度所要完成目标的管理，不随情况变化而改变。

②预测（Forecast）：结合实际环境的变化，对未来的销量、成本、费用进行预测的一项工作。

谈到滚动预测，有一个"$n+n$"的说法，前面的 n 是已经发生的实际数据，后面的 n 是根据环境进行的最可能发生的预测。如"9+3"预测，是指预算执行到第10个月的时候，前9个月的数据已经变成实际数，后面3个月的数据则是预测数。注意，这里使用的词汇是预测，而不是预算，预测可以根据情况而进行变化。

总之，预算是能够总体把控公司方向、明确公司发展目标的财务工具。在预算的执行过程中，能够及时对偏离进行分析并且纠正，对管理公司的经营风险起着重要的作用，同时对效率和效益的监控，也使预算成为管理成本的有效助手。

9.2.2 销售预算编制及其风险点

公司在不同的发展阶段对预算管理的要求不同：刚起步的公司，需要完成预算从无到有的过程，在这个阶段中，预算管理的目的是树立起预算的概念，搭好预算的框架；当公司发展到一定的规模，那么对预算的要求就是从有到优，需要对预算进行精细化的管理，形成一套适应自己公司的预算体系，通过这套体系分配资源，提高资源使用的效率。

1. 起步期间的销售预算

当公司刚起步时，首先应该明确：手中有多少资金，这些资金怎么用，如何产生效益。那么就应该了解和规划公司的业务从哪里来。

对销售的预算，可以从公司的调研中得出。

（1）根据市场规模和市场份额计算销售预算。

通过调研公司所在的赛道的市场规模有多大，增长率是怎样的，公司在这个市场中的竞争优势能够给公司带来的市场份额有多大，从而计算出公司的销售预算。

（2）根据与竞争对手的比较计算销售预算。

如果市场规模和市场份额没有现成的数字可以参考，公司可以找对标的上市公司进行估计。这些上市公司的信息往往都是公开的，通过与上市公司的比较，估算出自己在市场上的销售份额与上市公司的销售份额的比例，这样就能以上市公司的数据预测出公司的销量。

2. 成熟期间的销售预算

成熟的公司致力于将预算做得更精细化，为了使预算变得更具可执行性，应将预算按照不同的维度拆分到可执行层面。任何变化都应该有相应的数据支持。

根据不同的维度，销售预算的制定一般可以从以下角度考虑。

（1）按照产品线制定。

如果公司有多条产品线，可以将不同产品线的销售预算加以区分。根据产品线所处的发展阶段，制定不同的销售预算：处于成熟期的产品线需要降低成本维持住利润；处于增长期的产品线需要有更多的资源投入以换取更大的增长需要考虑加大市场投入以维持快速的销售增长。

（2）按区域制定。

如果公司的市场覆盖面广，则需要针对不同区域的不同特点和竞争对手安排不同的销售策略。一个品牌的认可度在各个区域是不同的，如奶茶品牌中的蜜雪冰城，发现自己在一线、二线城市不占优势，迅速下沉到三线、四线城市，2021 年其一年的营收已经达到 103 亿元。这是很多深耕一线、二线城市的奶茶品牌无法达到的业绩。

（3）按照增长策略制定。

如果公司不采取任何措施，则理论上的业务增长与市场的自然增长持平。如果需要发展壮大，则公司需要找到新的增长点并进行布局，这样才能换来新的增长。

①市场自然增长：每个行业都处在一个大环境中，业绩的好坏与这个行业的趋势有着直接的关系。根据市场下一年的趋势，可以得出公司下一年自然增长或减少的销售额。

②新策略带来的增长：在做预算时，对新策略带来的收入可以做单独的测算，分析其投入产出，最终将相关收入合并入总体预算中。

3. 销售预算的风险点

销售预算的风险一般有以下几种。

（1）预算不落地。

预算最终都要落实到部门、团队、个人。如果预算无法分解到底层就不能落地。

（2）预算脱离实际。

如果公司制定的目标太高，超过实际可达成的目标，就会出现执行与预期之间的差异和风险。

（3）市场环境变化。

突然发生的各种事件会引起市场环境变化，进而导致预算的变化。公司应积极根据新的情况对环境进行判断，对销售预算进行调整。

9.2.3　成本预算编制及其风险点

如果说公司的销售预算是预算的开端，那么成本预算就是紧随销售预算需要完成的第二项预算任务。如果公司没有详细的成本预算数据和历史数据作为参照物，那成本预算可以使用粗略的手段来计算；如果公司已具备完整的预算体系，那可以编制细化的成本预算。

1. 起步期间的成本预算

当公司不具备相应的条件将销售预算细分到每一个产品的每一个时间段的销量时，可以利用产品的毛利率、材料、人工和制造费用的占比粗略地反推出成本中的这些组成部分的预算，步骤如下。

（1）利用毛利率反推成本。

（2）利用成本占比推算出材料、人工和制造费用。

2. 成熟期间的成本预算

当公司具有完备的数据作为预算支持时，成本预算可以做到更细致的程度。步骤如下。

（1）原材料成本的计算。

①数量：根据细分到每个产品每个期间的销售预算，根据每个产品的物料清单计算出生产产品所需要使用的原材料。

②单价：根据最近的采购价格及未来原材料价格的涨跌趋势，计算出原材料的单价。

③原材料成本：根据数量和单价计算出产品相应期间内的成本。

（2）人工成本的计算。

①人工工时数：根据生产每个产品所需要的人工，计算出一定时间内所需要的人工工时。

②人工单价：结合工资标准调整和用工的供需变化，推测出下一财年的人工单价。

③人工成本：根据人工工时数及预计的人工单价，估算出人工成本。

（3）制造费用的计算。

①变动制造费用：根据销售数量的增减情况及价格指数进行变动制造费用的估算。

②固定制造费用：在一定的范围内（如产能不变），固定制造费用与之前保持一致。

（4）将以上的原材料成本、人工成本和制造费用按照期间范围整合在一起，就能得出相应的成本预算了。

3. 成本预算的风险点

成本预算可能面临的风险点如下。

（1）市场价格波动造成成本上涨。

（2）预算的不准确导致存货呆滞。

（3）成本投入与实际销售不匹配。

9.2.4　费用预算编制及其风险点

完成了销售和成本的预算编制后，需要完成费用的预算编制，如管理费用、销售费用，这部分预算是部门根据历史数据编制的，其编制的方法大致分为以下步骤。

1. 确定人员预算

根据第二年部门需要完成的事项，提出人员预算。在预算中，人员的费用往往占比较大，且一旦招聘到人员，人员的费用就会变成该部门的固定费用。

在审核人员预算时，应评估人员给公司所带来的价值、整个部门工作量的变化，谨慎评估是否应该进行人员的招聘。

2. 确定其他费用预算

其他费用预算分为常规支出预算和特殊事项支出预算。

（1）常规支出预算。

常规支出指一些日常经营中会发生的费用，如办公用品费用、保安保洁费用、财务部的审计费、办公楼的电梯维修保养费用等。这些费用不会因为某些事件的发生或不发生而改变。这些费用的确认相对容易，一般参考上一年的历史数据进行一些调整就可以得到。

（2）特殊事项支出预算。

特殊事项支出指完成某项工作或任务而需要发生的费用，如办一次展会需要支出的费用、完成某项任务而发生的差旅费、为了某项事件而发生的律师费或咨询费等。

对特殊事项，往往需要掌握更多的信息进行评估，才能制定出一个准确合理的预算。

3. 费用预算的风险点

在进行费用预算时，按照历史数据进行预算可能会存在以往预算中不必要的费用不能被剔除，从而不能管控好哪些费用是真正该花的，哪些是不该花的。

当然，预算不仅涉及利润表的预算，还涉及资金流量及资产负债表的预算，由于篇幅有限，这里就不介绍了。

9.3 企业的指挥棒——财务分析报告

财务分析报告是公司在管理中比较常见的一种报告，根据公司的管理需求编制，是用以反映公司考核需求的一种报告。财务分析报告，能够给公司的管理层提供有用的决策支持，支持公司高效健康地发展，让公司在分析中发现降本增效的机会，能指引公司下一步工作的方向。

9.3.1 财务分析概述

财务分析的目的是运用财务的手段，评价公司的经营状况，找到公司发展中的偏差，给决策提供支持。

1. 财务分析的境界

我在小红书视频中分享过财务分析的五重境界，用了五个单词的大写首字母——F、A、R、O、I归纳，分别是：数字（Figure），分析（Analysis），风险（Risk），全局观（Overview），洞见（Insight）。用一个应收账款的小故事进行以下形象化的解释。

（1）第一重境界——数字（Figure）。财务简单地对数字进行比较，如应收账款比去年同期增加了多少、比上个月增加了多少。这严格意义上不能叫分析，只能叫数据的整理。

（2）第二重境界——分析（Analysis）。财务知道问为什么，简单地分析原因。发现应收账款的增加主要是由 A 客户造成的，客户经理告知 A 客户与公司达成了战略合作，额外增加了赊销额度，从而导致了应收账款增加。这是"知原因"。

（3）第三重境界——风险（Risk）。了解数据背后的风险，知道如何通过内部控制去控制相关的风险。当看到 A 客户的赊销额度增加了，通过分析 A 客户的财务报告，发现其经营状况不佳，资金流可能会有问题，建议收回增加的赊销额度，同时建议改进公司的流程，在增加赊销额度之前进行客户的财务报告审核以确定回款的可能性。这就是通过财务分析来控制风险。

（4）第四重境界——全局观（Overview）。公司任何一个流程都不是独立存在的，其必定与其他的流程相互关联。对应收账款增加进行深入的调查，从销售总监处得知公司一些特定种类的存货有呆滞的风险，公司决定对这些特定种类的存货进行一定的促销，并额外提供赊销额度给购买的客户。财务在测算了回款风险和存货呆滞风险以后，发现额外提供一定的赊销额度，有利于降低公司的潜在损失，两害相较取其轻。这是从全局观的角度得出的结论。

（5）第五重境界——洞见（Insight）。当财务追根溯源分析了上市公司的财务报告，发现与该存货类似的产品销量也有不同程度的下降，在跟研发总监交流的过程中发现市场上已经有一种可以替代该产品的技术即将量产。于是将这个情况迅速地反映给了总经理。总经理要求针对即将被替代的产品进行全面的排查，对采购策略、订单、库存等进行一一梳理，同时要求研发部加大对新产品的研发力度，争取让新产品尽快上市以保证市场占有率。洞见能协助公司进行战略决策的高级分析。

2. 财务分析的误区

财务分析不到位，往往是因为存在以下误区。

（1）财务分析就是罗列数字。

我看到的很多财务分析就是进行比较，如某个数据跟去年同期比、与上个月比、与预算比增加或减少了多少。这样的分析，是希望让分析报告的阅读者对增加、减少的原因自行"脑补"吗？这不能算一份分析报告。

（2）没有了解就盲目给结论。

我做审计那会儿，有一个词叫"放飞机"，就是对没有做的工作说做了，这个说法同样适用于财务分析。同样的现象随着分析的深入，可能产生不同的结论，如前文小故事中应收账款的增加。

①没有深入研究就盲目进行判断，认为赊销管理出了问题，或者销售人员没有及时将款项收回，对公司来说是负面影响。

②如果进一步分析，会发现增加赊销额度有利于将即将呆滞的存货销售出去，对公司来讲反而避免了公司存货跌价的损失，实际是正面影响。

（3）财务人员以"理论"代替"实际"。

财务人员不能在没有了解业务流程的情况下，就用理论的数据给业务提意见，这样往往会显得很不专业。

我曾经碰到一件事。财务部的同事说，某个车间的配置是10人，按照测算人员可以减少到3人，理由是目前机器的稼动率只有30%，就是说车间只用生产2.4个小时就能完成当天的生产任务，那可以只用3人生产。当她把这个意见提给生产部门时，生产部门不置可否。实际上，这个车间是一条流水线，一共有10个工位，每个工位上都必须有操作工人在岗才能完成所有的操作，少一个人都会导致工序无法完成，使用3个人根本无法将这条流水线开起来。

3. 财务分析的方法

下面介绍一些常用的财务分析方法，每个方法都有不同的应用场景。

（1）比较分析法。

比较分析法是财务分析中比较常见的一种分析方法，通过对两组数据的对比，根据差异的大小和变动的百分比找出异常之处，从而分析原因，解决问题。

常见的对比数据如下。

①本期实际数据与上期实际数据进行比较。

②本期实际数据与去年同期数据进行比较。

③本期实际数据与预算进行比较，可以找出公司预算与实际执行的差异。

④集团间不同公司相同的生产线或费用项目进行比较，可以找出子公司之间的管理差距，提出改进措施，有利于整个集团降低成本，提高效率。

（2）趋势分析法。

趋势分析法指对公司在不同时间点上发生的相同的收入或费用进行分析，从而归纳总结出相应规律的方法。

常见的分析项目如下。

①销售收入全年趋势分析，掌握公司所在行业的季节性变化规律。

②某项费用的全年趋势分析，如某些费用在季度末或年度末出现大幅度增长，可以怀疑是否存在预算未用完而"突击花钱"的可能，找到这些点，深入分析费用使用的合理性，也许就能找到不必要花的钱，从而控制成本。

③现金流量全年趋势分析，掌握公司现金流变化趋势，关注是否在平稳的范围内波动。关注资金的变化，资金量下降时考虑取得更低成本的资金补充运营，资金量上升时考虑公司接受范围内更高收益的资金投资，让资金运作更有效，取得更高的投资回报率。

（3）比率分析法。

比率分析法也是财务分析中较为传统的一种方法，与同行业、同类型的公司进行比较，可以给公司"体检"，看公司的财务状况是否健康。

常见的比率主要如下。

①盈利能力比率：销售毛利率、销售净利率、费用收入比等。

②营运效率比率：应收账款周转率、存货周转率、总资产周转率等。

③偿债能力比率：资产负债率、流动比率、速动比率等。

以上所有比率的分析都应该放入行业环境中进行，否则这些分析不具备意义。如评价资产负债率是高还是低，同样是 50%，如果是一家房地产企业，那这个比率是相当低的，如果是一家互联网公司，那这个比率是相当高的。

（4）因素分析法。

因素分析法是指，对需要研究的目标分析其各影响因素，并通过一定的拆解方法，确定每个因素对其的影响程度。

在外企中，经常会听到财务部门的同事提起一个单词"Brige"，财务部门的同事月末结账后要搭很多座"桥"来分析各种因素的影响，配合瀑布图，会形成一座一座"桥"，这就是我们所说的因素分析法。

因素分析法通常有以下两种形式。

①以乘除为基础的价格销量混合模型（Price-Volume-Mix）。该模型一般用来分析价格、销量以及其他因素对收益变化的影响，可以有多种变形和扩展。图 9-3 展示了销售变动因素分析，可以清楚地看到价格、销量、汇率、产品的更新换代对销售的影响。

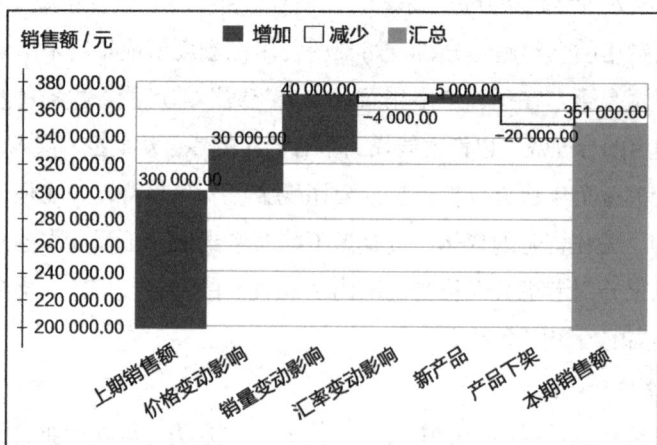

图 9-3　销售变动因素分析图

　　图 9-4 所示为亏损产品因素分析图。从这个图中，可以看出亏损的原因：一些是公司内部的原因，如人工的工时控制产生了不利影响，人工费率差异反映了招聘人员成本与当时预期有差异；一些是外部环境的影响，如报价时原材料的价格与实际单价相差 1/3。

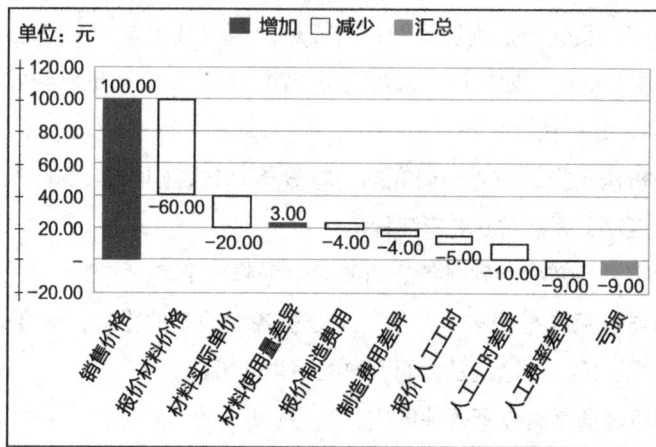

图 9-4　亏损产品因素分析图

　　②以加减为要素的因素分析。图 9-5 展示了现金流变化因素分析，可以使用因素分析法让报表使用者了解到是哪些因素影响了现金流。

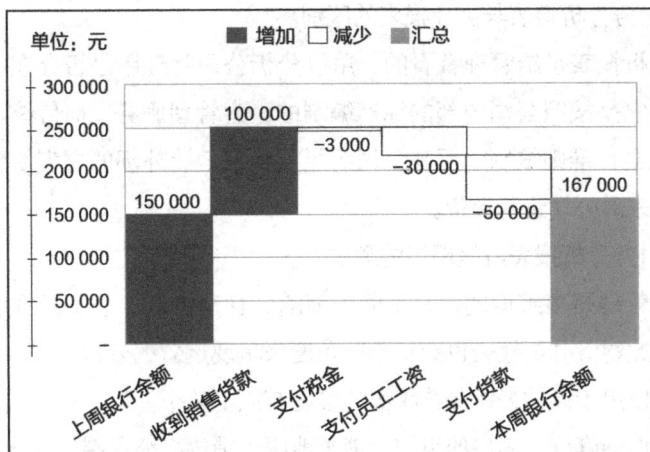

图 9-5　现金流变化因素分析图

通过拆解相关因素，分析相关因素，找到公司各个运转环节中的规律，发现规律外的异常，深入研究，发现可以改进的方法和方向，为公司的降本增效提供有价值的建议。

通过财务分析助力业务的发展是财务的职能之一，财务人员如果忽略了与各个部门的配合，很可能抓不准真正的业务底层问题，作出的分析也就不具备价值。财务人员应该作为业务的合作伙伴助力业务发展，了解业务降本增效的方法，实现业财融合。

9.3.2　综合财务分析报告的编制

公司需要定期对自己公司的财务情况进行分析和回顾，如月度的财务分析报告就是非常典型的综合性的财务分析报告。每个公司所涉及的财务分析报告的内容不同，但目的是一致的，都是要对公司的经营状况进行复盘，找出偏离目标的情况，对下一步的工作重点进行调整和规划。综合财务分析报告一般包括以下内容。

1.公司收入及盈利情况分析

每月公司的经营成果都会以利润表的形式反映出来，对利润表的分析有助于了解公司的业务情况。

（1）财务分析报表与会计报表的区别。

财务分析报表是给管理者看的，用以分析公司管理中是否存在可以改善的地方，因此它是按照公司内部的标准编制的，为管理服务。而传统意义上的会计报表按照会计准则编制，反映公司的经营状况，让外部的报表使用者能用一套方法体系来对公司进行评价。

（2）财务分析报表所呈现出的颗粒度。

公司的管理是多维度的，是不同角度的。管理者需要从不同维度了解公司的业务，因此财务分析报表也会从不同角度来呈现运营的分析。

通常可以用于评估公司经营状况的维度有以下几个。

①从客户维度分：客户的组别、销售地区、销售办公室等。

②从产品维度分：物料类型、物料组别等。

③从公司组织架构分：工厂类、销售组织、分销渠道等。

④从销售人员分：产品经理、部门经理、销售人员等。

⑤从单据类型分：销售订单、账单分类等。

（3）财务分析的对比口径。

公司在经营过程中，出现各种各样对比差异是正常的，正是有这些差异的存在，才给了公司能够找到偏差从而进行改进的空间。通常进行对比的口径有以下几种。

①与预算进行比较，找出偏离预算的原因。

②与过去一个月比、与去年同期比，可以看出市场的趋势。

③与其他公司比较，特别是与一个集团中生产同种产品的工厂对比。横向对比很容易发现自身与其他工厂间的差异。

在做以上对比时，趋势分析及因素分析能够从不同的角度提供公司的信息，拓展决策的思路。

2. 公司运营效率分析

除了盈利情况，公司的运营是否高效也是需要关注的。在投资相同的情况下，公司的运营效率越高，公司的利润就越多。同时，运营效率是否在合理的区间，也能体现出公司健康与否。通常，以下三个周转率指标是公司运营效率分析中较为重要的指标。

（1）应收账款周转率。

健康的应收账款周转率能保证公司有稳定的现金流回款。

（2）存货周转率。

存货周转率维持在适当的水平，能减少对资金的占用，同时降低呆滞的风险。

（3）应付账款周转率。

维持越高的应付账款周转率，能使公司提高资金的利用率。

3. 公司的现金流分析

稳定的现金流是公司经营的基础。对一个业务已经步入稳定期的公司来说，如果管理出现问题，会反映在现金流上。正向的经营性现金流是公司能够健康发展的基础。

对公司的现金流进行分析通常涉及以下两个方面。

（1）当期现金流与预测现金流进行比较。

当期现金流与预测对比会发现差异，在分析差异的过程中发现问题，如某客户的一笔回款未收到，究其原因是客户经营不善，管理层可以采取相应的措施进行诉讼和资产保全。

（2）中期的资金预测。

在中期的资金预测中如发现资金有缺口，则及时进行融资准备，避免资金链断裂的风险。

9.3.3 提升效率及降低成本专项分析

专项财务分析报告是指为了达成某一个目的而编制的一项分析报告，以降本增效为前提的分析有以下几种类型。

1. 以提高利润为目的的订单和产能分析

以提高利润为目的的订单分析指在产能一定的情况下，分析一些订单是否可以接，如何接单能够产生更多的利润。以提高利润为目的产能分析指在销售收入一直增长的情况下，分析投资一条新的产线或者一台新的设备是否划算。

2. 搭建提高报价效率的分析模板及数据库

进行报价时，需要综合考虑材料、人工、工艺流程、损耗和费用摊销等。可以在模型中建立标准的数据库，每个工艺流程按照标准的费率进行核算。

3. 以降低成本为目的的最佳订货量分析

采购过程中，企业会和供应商商定一些阶梯价格，批量大的采购能取得更低价格，但同时会占用资金成本，财务需要在这两者中分析出最合适的采购量，从而提高运营效率。其中，财务需要考虑到采购成本、订货成本、运输成本、存储成本、资金占用成本等多方面因素，在采购阶梯价格与资金占用费之间寻找平衡点，从而计算出最佳订货量。

4. 计算投资回报率的投资决策

（1）固定资产投资分析。常见的如固定资产的投资决策，投资一项固定资产，预计后续给公司带来多少现金流，这些现金流是否能够满足预期的投资回报率。

（2）项目投资分析。分析该项目是否能达到预期的投资回报率。

（3）工厂的关闭分析。对减少投资关闭工厂所能带来的集约化效应等进行分析。

第 10 章
税收筹划风险及风险应对

我想从两方面来看待税收筹划这件事。首先，真正的税收筹划是存在的，需要从根源上去设计顶层架构，而不是通过一些"非正常途径"。其次，在经营企业的时候，要随时把税收合规作为一个重要的工作去对待，应在合法合规经营的情况下，最大限度地去利用国家的税收优惠政策，降低企业的税负。

10.1 违规行为与税收筹划方法

如何进行税收筹划：从开始就构建能够满足税收优惠条件的商业模式，从而享受优惠政策。这是正确的思路和做法，而一些错误的税收筹划，往往是将企业推向违法边缘的导火索。这类风险必须予以防范。

10.1.1 违规行为

常见的违规行为有以下几种，需避免。

1. 少计收入

（1）隐瞒收入。

有些小企业为了少缴税，可能会有一些账外收入，这类收入不入账、不开发票，并打到老板的卡上，这是违规的。

（2）价外费用不计入销售额。

如将在销售中发生的延迟付款违约金，不确认为价外费用缴纳增值税。

（3）人为调整收入。

在填写纳税的申报表中有一个不开票收入科目，这个科目本来是为某些企业准备的，这些企业取得了销售收入，但客户不需要发票。不过，有些公司会使用这个科目进行税款的调节，当进项税少时，它们会在这个项目中填入负数，从而减少一些当月应付的税款。

2. 多计费用

（1）非法购买发票。

为了多列成本费用，购买发票，此种行为属于违法行为。非法购买增值税专用发票、虚开增值税专用发票、用于骗取出口退税和抵扣税款的其他发票，税款数额在十万元以上的，应当依照刑法定罪处罚（自 2024 年 3 月 20 日起施行的《关于办理危害税收征管刑事案件适用法律若干问题的解释》）。

（2）将非公司的费用计入公司的费用中。

将与生产经营不相关的费用计入公司的费用中，增加公司的费用。

（3）无业务实质使用灵活用工平台开具发票。

没有真实的业务背景，使用灵活用工平台开具发票，很容易给公司造成风险。

3. 不合理利用税收优惠条件

（1）不合理利用税收洼地。

在公司业务实质不符合相关条件的情况下，将公司"生搬硬套"到税收洼地中，导致公司后来被查。

（2）滥用核定征收。

核定征收是对一些没有建立账务处理体系的公司实行的简易征税手段，但被一些公司滥用，它们擅自扩大核定范围，后续公司会被追责。

10.1.2　税收筹划的方法

合理利用国家的政策法规是税收筹划的前提条件。由于税收是收入扣除相应的成本费用，再乘以合适的税率得出的结果，因此，税收筹划可以从"收入""成本费用""税率"方面入手，常见的合理税收筹划方法如下。

1. 收入规划

享受免税政策。公司在特定行业可以享受相关的税收优惠政策，如农业生产者销售自产农产品可以免增值税，特定项目可免企业所得税。软件企业和集成电路企业可享受"二免三减半"的政策。而且软件企业销售自行开发的软件产品，对其增值税实际税负超过 3% 的部分实行即征即退。

2. 成本费用规划

（1）研发费加计扣除。

公司可以遵循国家政策鼓励的方向，从而享受税收优惠。研发费用的加计扣除力度，这些年来在逐步加大，从开始的 50% 加计扣除，到现在的 100% 加计扣除。

（2）资产投资规划。

近年来，国家鼓励设备升级换代，500 万元以下的固定资产投资可以一次性税前扣除，如果公司选择享受优惠政策，则提前享受了固定资产投入带来的节税效应。

3. 税率规划

（1）高新技术企业企业所得税税率。

常见的税率规划为：符合条件的企业申请成为高新技术企业可以将企业所得税税率从 25% 降到 15%。

（2）特殊行业企业所得税税率。

公司可以涉足一些可享受优惠政策的行业，如农业、软件行业。

（3）特殊地区企业所得税税率。

将公司选址在可享受优惠政策的地区，如西部地区等。

10.2　国内常见的税收筹划风险

由于本书以内部控制为主，本节仅就一些普遍适用的税收优惠政策可能会带来的风险以及如何进行风险把控进行探讨，本节会涉及三方面的风险：

（1）研发费用加计扣除可能会面临的风险；

（2）利用税收洼地可能会面临的风险；

（3）集团间转移利润涉及的风险。

10.2.1　研发费用加计扣除风险

研发费用加计扣除的风险通常可以归集为以下几类。

1. 项目不符合

有些企业的研发立项存在问题，不具备先进性创新性，这样的项目无法进行加计扣除。另外，还有一些公司的研发项目与公司本身的业务不存在关联性，也会阻碍研发费加计扣除。

2. 人员不符合

将一些行政、人事等与研发不相干的部门人员的工资列入研发项目中,这样操作同样会给企业造成风险。

3. 虚增费用

人为地将不属于研发费用的其他费用调整入研发费用以获得加计扣除,如将生产中的材料费列入研发费用,将生产中的机器设备折旧计入研发费用。

4. 外包研发费用的公允性

在企业自身研发费用不多的情况下,一些企业会考虑委托外部机构进行研发,而其中产生的外包研发费用的公允性有待商榷。

税法规定:委托外部研究开发的费用应符合独立交易原则。但由于研发判断研发价值存在主观性。特别是一些公司与关联方进行研发外包交易,在制定研发委托价格时,其公允性容易受到质疑。特别是一些公司与关联方进行的研发外包的交易,在研发费用的确定上更容易被质疑。

10.2.2 利用税收洼地的风险

利用税收洼地筹划是企业使用较多的筹划方法之一。这看似是一个不错的税收筹划方式,但背后隐藏着巨大的税收风险。

1. 税收洼地的定义

顾名思义,税收洼地指一些地方为了促进当地的经济发展而提供一些税收优惠政策,或国家为了鼓励某些地域的开发,制定相关的税收优惠政策,这才有了税收洼地。

2. 风险

地域性优惠政策如:①西部地区鼓励类产业企业的企业所得税税率从 25%降到 15%;②对注册在海南自由贸易港并实质性运营的鼓励类产业企业同样享受企业所得税税率从 25% 降至 15% 的优惠政策。

由于地域性优惠政策可能会随着时间的推移及国家战略方向的变化而随时发生改变。一旦相关政策变化,利用税收洼地进行的税收筹划就会落空,因此在作这类决策时需要慎之又慎。

🔍案例 10-1 某头部"带货"主播的天价罚单

2021 年，一张天价罚单震惊了网民，"带货"头部主播被杭州市税务局开出了 13.41 亿元的罚单。在感叹"带货"主播真的很赚钱的同时，财务人进行了更深入的思考，黄薇是如何进行所谓的税收筹划而逃避了如此多的税款的。

背景

我们先看一下官方是如何描述的：杭州市税务局稽查局有关负责人称，2019 年至 2020 年期间，该"带货"主播通过隐匿其从直播平台取得的佣金收入虚假申报偷逃税款；通过设立上海蔚贺企业管理咨询中心、上海独苏企业管理咨询合伙企业等多家个人独资企业、合伙企业虚构业务，将其个人从事直播"带货"取得的佣金等劳务报酬所得转换为企业经营所得进行虚假申报偷逃税款；从事其他生产经营活动取得的收入，未依法申报纳税。

分析

1. 逃税所利用的政策

在以上描述中，我们可以捕捉到两个关键词：个人独资企业及合伙企业。我利用××搜索了一下该带货主播，发现她投资的几家管理咨询中心，均是注册在崇明岛的个人独资企业，而在天价罚单出现前，崇明岛是支持个人独资企业核定征收的，因此可以判断当时该带货主播可能利用个人独资企业经营所得与个人佣金在征税方面的巨大差异逃税。

2. 个人所得划分

个人所得一般划分为以下三类进行纳税。

① 综合所得：包括工资薪金所得、劳务报酬所得和稿酬所得。个人所得税税率在 3%~45%。

② 经营所得：从事生产、经营活动所得。个人所得税税率在 5%~35%。

③ 资本利得：包括股息红利、财产租赁转让所得等。

该带货主播从事直播"带货"获得的佣金应该属于个人劳务报酬所得中的介绍经纪服务所得，因此应该按照综合所得来纳税，以该带货主播的收入金额，税率为 45%。而该带货主播将个人佣金转换为个人独资企业的经营所得，加上可能享受了的核定征收税收优惠，因此才会产生如此大的偷逃税款。

启示

1. 经营性质的判断

个人劳务报酬所得按照综合所得来纳税，税率为 45%。而个人独资企业经营所得，最高的税率是 35%。如果将个人独资企业或合伙企业建立在可以进行核定征收或返税的地区，则税率可能远远低于 35%。

2. 企业性质的选择

个人独资企业和合伙企业，都属于需要缴纳个人所得税的非独立法人主体，需要承担无限连带责任。在法律方面来说，其风险高于公司制企业。

3. 纳税方面的利弊

选择个人独资企业和合伙企业，需要缴纳个人所得税，在其取得收入的当年进行税款的缴纳。

如果选择公司制企业，需要进行双重纳税。以 25% 的税率缴纳企业所得税后，如将利润分配到个人手中还需要进行一次个人所得税的申报，税率为 20%。两项综合起来，税率为 40%［25%+（1-25%）×20%］。但利润分配并不是马上进行的，只有在利润分配决策通过并实质获得分红时才需进行纳税。

总之，对于一些税收优惠政策，一定要进行实质性的判断和深入的研究，避免因为对政策一知半解而导致企业及个人承担巨大的税费及合规风险。

10.2.3　集团间利润转移风险

在一个集团的各个子公司之间，由于所从事的业务不同、所处地区不同或本身的经营状况不同，税负率会不同。为了平衡公司间的税负，使整个集团充分利用税收优惠，一些公司之间会进行利润的转移。但对利润的转移是否合理、是否存在一定的风险等，需要进行评估和判断，只有有真实业务背景且定价合理的利润转移才被认可。常见的集团间利润转移风险有以下方面。

1. 将利润从其他企业转移到高新技术企业

由于高新技术企业的所得税税率为 15%，低于一般企业的 25%，如果将利润转入高新技术企业而无合理理由或公允的价格，就会造成关联交易定价的调整风险。

2. 将利润从盈利企业转入亏损企业

当同一集团中一家企业盈利而另外一家企业亏损时，如果将利润从盈利企业转移至亏损企业，能使集团的整体税负减轻。在进行利润转移时，如果没有合理的业务实质，则会被认定为虚构业务转移利润。在进行税收筹划时，需要安排合理的业务并符合公允交易原则。

3. 利用小微企业提供服务

由于小微企业可以享受一定的税收优惠，一些集团进行税收筹划时会将部分服务和业务以公允价格外包给小微企业，取得费用发票从而降低利润。如果以上任何一点没做到位，企业就会面临着潜在的税务风险。

10.3 国际常见的税收筹划风险

随着各国间的合作越来越紧密，越来越多的企业"走出去"，为了能防范税收风险，对国际的税收风险了解成了每家"走出去"的企业的必修课。本节就一些常见的国际税收风险进行介绍，主要包括转移定价风险和常设机构风险。

10.3.1 转移定价风险

转移定价是跨国公司避不开的一个话题，需要谨慎和合理，否则一旦触发反避税调查就会给公司造成较大的风险。

1. 转移定价的定义

关联公司之间提供产品、劳务和技术，就需要对这些产品、劳务和技术进行定价，定价直接关系到利润在不同国家公司之间的留存情况。

2. 转移定价的合理性分析

价格偏高或偏低都会引来税收风险，可能涉及海关的关税或与税务局相关的企业所得税。因此要将价格定在合理范围内。

在中国，当关联企业之间的交易金额超过一定的金额，税务局会要求提供证明价格合理的同期资料报告，即转移定价（Transfer Pricing，TP）报告。

转移定价方法如下。

（1）可比非受控价格法：即按市场上你卖给第三方同样的东西的价格来定价。

（2）再销售定价法：按将销售给第三方的价格减去适当的毛利来定价。

（3）成本加成法：按成本加上合理的利润来定价。

同时税务局也会按照企业在产业链中的位置确定利润，进行分析。当企业的规模到了一定程度的时候，税务局会因为重要性原则对企业的转移定价行为进行检查。

3. 转移定价的形式

常见的转移定价形式如下。

（1）关联公司之间的购销业务。

购销业务是关联公司之间常见的交易类型。通过买入商品或卖出商品在关联公司之间进行利润的分配。

（2）关联公司之间提供技术、品牌使用权。

通常关联公司之间提供技术、品牌使用权作为非贸易支付的一种手段，往往受到更严格的监控。技术使用费和品牌使用费定价的合理性，更是税务局关注的重点。技术和品牌使用费统称为特许权使用费（Royalty Fee）。

（3）关联公司之间的服务。

由于服务看不见、摸不着，税务局往往会关注是否真的有实质性的服务，还是仅是转移利润的一种手段。在极端的情况下，税务局可以认定相关服务费与经营无关，不允许税前扣除。所以此种转移定价形式的税务风险是高于以上两种形式的。

（4）关联公司间的资金往来和租赁。

关联公司间的资金往来和租赁参考当地金融机构的利率，租金也可参考当地的市场价格，只要业务真实存在，就可以按照协定的税率完税。

10.3.2　常设机构风险

理论上来说，一家公司设立在 A 国，B 国一般对其没有征税权，除非这家公司通过某种形式在 B 国经营，当满足一定条件时该公司就会构成常设机构（Permanent Establishment），这样 B 国就会取得对这家公司的征税权。

如果被判定为常设机构，企业就有在当地缴纳所得税的风险。在实践中这类判定并非非常清晰，企业还需要结合当地税务实践，提前了解当地的具体情况，提前作好规划，才能有效地规避相应的风险。

第 11 章

数字智能助力降本增效
及 ChatGPT 对
内部控制的协助

在信息技术越来越发达的今天，很多工作都逐渐被日渐成熟的数字智能所取代，如手工凭证被自动生成的凭证所取代，事后人工检查被数字智能系统事前的风险防范所取代，这些新技术极大地提高了效率并降低了成本。深入了解系统，发现问题解决问题是今后财务人要做的，这样才能在这个数字智能的时代体现自身的价值，成为企业得力的业务伙伴和风险控制者。

本章针对数字智能时代带来的降本增效机遇与挑战进行阐述，同时对目前兴起的 ChatGPT 给内部控制带来的变化进行一番探讨。

11.1 数字智能助力降本增效

数字智能时代，带给了我们机遇也带来了挑战。越来越多的人工智能可以协助财务人员完成低端的重复性的劳动，大大提高了效率，降低了人力成本。在这个过程中，需要做好对系统的内部控制工作，以防范相应的风险。

11.1.1 数字化转型带来的降本增效

当时代的浪潮推着所有的企业往数字化转型的方向前进时，企业需要追上时代的脚步，拥抱技术革新给企业带来的变革，数字化工作将代替低端的人工工作，有利于提高效率，降低成本。在数字化转型过程中，企业需要循序渐进。罗马不是一日建成的，而企业的数字化转型也会经历从无到有，从有到优的历程。

企业在上线系统时通常需要考虑各个方面的问题，从流程到人，从框架到系统，任何一个被忽略的地方都可能导致系统上线出现问题，甚至失败。在上线系统时，需要考虑的方面如下。

1. 系统需求调研

好的系统建设都是从需求调研开始的，企业只有充分明确了自己的业务模式，将需要实现的功能完全表达出来，才能让系统按照企业的设计运行。

（1）需求调研是全方位的。

①系统需求调研需要所有的系统使用部门参与。很多企业在开始做系统需求调研时，一些部门不重视，认为系统的使用与它们的关联性不大，没有认真对待，到后来系统上线时才发现自己的一些工作没有办法开展，这时再向系统的供应商提出问题为时已晚。

②需求调研人员需与用户进行深入沟通。经验丰富的需求调研人员需要启发员工的思维，全面挖掘用户的真正需求，从而顺利地实施系统上线。

（2）需求以书面文档的形式确定。

在完成系统需求调研后，应该将所有的需求以书面文档的形式确定下来，这样有助于发现之前表述不清楚和有歧义的问题点。

（3）需求文档的确认。

当需求文档完成后，需要给相关业务人员予以确认，以明确需求与最后将要实施的系统保持一致。

2. 对业务流程的梳理

数字化转型是一次对企业业务流程的整体梳理过程。在这个过程中，不规范的企业可以通过这个机会将企业的流程梳理规范。比较规范的企业可以利用这个机会了解行业的最佳实践以调整自己的流程，在效率和控制之间找到相应的平衡点。

对业务流程梳理通常有两种方式。

（1）通过系统的最佳实践反推企业的业务流程。

当企业没有完整可借鉴的系统性的流程时，可以借助系统的最佳实践（Best Practice）搭建企业业务流程。

优点：可以建立起较为标准的、风险可控的业务流程，从而指引企业建立更为规范和符合行业标准的管理路线；同时，由于客制化的流程较少，系统上线的速度加快，费用及后期的维护成本都大大降低。

缺点：由于采用系统标准流程，在企业一些具体的实践与标准流程冲突的时候，没有办法灵活地改变流程，需要转变企业的操作模式。

（2）根据企业现有的流程定制业务流程。

当企业已经有成熟的管理流程时，需要将这些流程梳理成在数字化系统中可实现的方式。

优点：将企业现有的成熟的流程规范移植到数字化系统中，能够使企业的流程更准确高效地被贯彻，提高了系统控制的有效性；利用客制化的流程进行系统流程的搭建，能使系统更好地为现有业务服务，使系统更能适应企业的需求。

缺点：由于定制化的系统往往需要花费大量的时间开发，会延迟系统上线，另外系统的开发存在不确定性，需要考虑开发失败所带来的风险；后续的维护也需要花费更多的人力物力，在成本方面往往不具备优势。

案例 11-1 关联公司业务协同，集团间对账降本提效

背景

财务工作的一个难点就是关联公司之间的对账了，每月月末进行结账的时候，由于集团需要在短时间内出具合并报表，因此需要将关联方的账"对平"，这导致每每到了结账日就要加班加点。有些大的集团公司有专门做关联公司间对账的庞大的财务小组。

A 集团正在进行新的 ERP 系统上线，为了能解决关联公司间的对账的问题，公司考虑定制一个业务自动同步的流程并嵌入系统中，以实现关联公司间的往来业务实时同步。通过系统的优化，将关联方对账小组取消。

分析

在进行了业务场景分析后，顾问提炼出了影响关联公司间对账的业务模型——公司间买卖和公司间费用代垫。

1.公司间买卖

（1）问题：公司间买卖是发生较频繁的一种交易类型，其影响公司间往来准确率的因素通常有以下几种。

①订单问题：采购方的采购订单和销售方的销售订单有时会在录入时发生人为错误，如单价不对、数量不对甚至币种错误。

②存货在途问题：销售方发出存货后就确认收入并确认应收账款，但是由于采购方还没有收到货物，也没有及时得到销售方的通知，就会少计应付账款，这样在对账时，就会出现应收应付不符的情况。

③收货和发票问题：当采购方还未收到货、收到的货与订单不符或未收到发票时，都会产生销售方确认的应收账款与采购方确认的应付账款不平的情况。

（2）解决方案：利用系统的协同功能完成数据的实时同步。

顾问在分析了公司的具体业务流程后，提出了以下定制化的方案和步骤。

①订单协同：采购方的订单会协同到销售方的系统中，这样就保证双方的单价和数量是一致的。

②发货协同：当销售方发出存货时，确认应收账款，采购方会被系统同步

录入一笔在途物资和应付账款，这样应收应付就是完全一致的。

其中的防呆控制：为了避免没有收到货就支付货款的情况，该笔系统生成的应付账款是被系统锁死的，只有当公司收到货物和发票后，财务才会释放此笔应付账款。

③收货后处理：当仓库收到货物后，在途物资转变成实际存货。

④收到发票后处理：财务核对发票和收到的货及订单，三方匹配完成后，将应付账款释放成真正可以支付的款项，应收应付确认过程完成。

⑤付款流程协同：当采购方到期支付货款时，系统自动将数据同步到销售方处并作为一笔未验证分录体现，当销售方财务确认收款数据后，将分录变成已验证状态，流程完成。

在以上流程中的任何时刻，应收账款和应付账款都是完全一致的，这样就保证了关联公司之间的数据同步性。

图 11-1 为系统进行关联方往来对账的流程优化示意图，它更清晰和直观地将系统所作出的改善表现了出来。

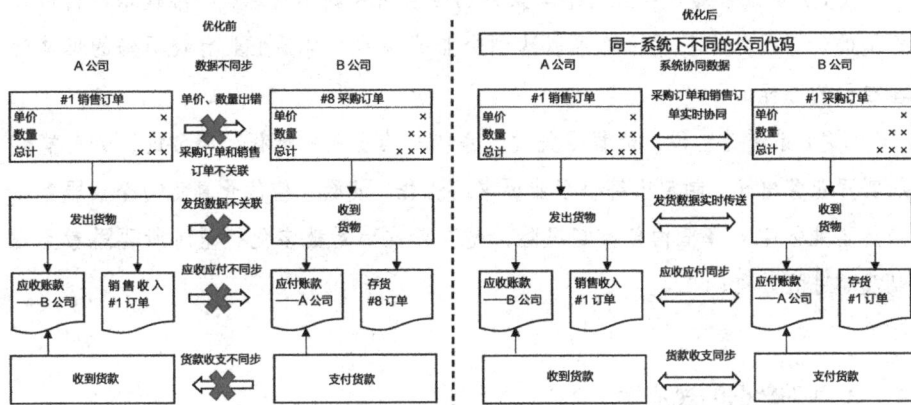

图 11-1　系统关联方往来对账流程优化示意图

2.公司间代垫费用

公司间代垫费用是关联公司之间另一种较常见的业务场景。根据顾问的判断，相关的协调可以启用系统的标准功能，通过跨公司协同，A 公司的财务能将代垫费用凭证做到 B 公司的账中，具体流程如下。

①代垫费用发起：当 A 公司帮 B 公司代垫了一笔 100 元的费用后，A 公司的财务可以做以下分录。

借：管理费用——B公司   100

    贷：银行存款——A公司   100

②系统协同：通过跨公司协同，系统自动生成如下分录。

A公司的账上：

借：其他应收款——B公司   100

    贷：银行存款   100

B公司的账上：

借：管理费用   100

    贷：其他应付款——A公司   100

系统同样设计了防呆控制：B公司的其他应付款在确认前也是被锁死的。

③代垫费用确认：B公司拿到A公司提供的文件和发票并确认无误后，将相应的其他应付款释放，使其成为真正可以付款的项目。

总结与思考

（1）场景搭建。以上两个场景分别是使用客制化系统及标准模块进行流程落地的场景，每一种手段都可以达到企业的目的，需要企业有较明确的思路管理自己的流程。

（2）系统是手段，流程是关键。系统是为企业的流程而服务的，如何能够从实际业务出发，制定出符合企业要求的流程，使数字智能化真正为企业服务，提高企业效率，降低内部控制风险，是企业在面对数字化转型时所要思考问题以及前进的方向。

3. 基础数据的规范性

基础数据的规范性直接影响到数字化转型是否成功。

（1）从无到有的系统数据规范性。

对于之前没有系统的企业来说，进行数据规范化首先需要注意了解系统数据的需求，按照需求整理企业的数据。

其次需要思考清楚判断企业经营状况好坏的关键点和数据收集的路径，在设计数据颗粒度时，将相关的属性设计进去，这样能够保证后续数据的记录能够满足企业分析的需求。

（2）从有到优的系统数据规范性。

数据从一个老系统迁移到新系统中会面临很多问题，如两个系统之间数据的匹配性和兼容性、老系统中的垃圾数据的清理、数据是否能满足新系统的需要等。

在进行数据迁移的过程中，需要注意以下方面。

①数据匹配性：将数据从老系统迁移到新系统中，需要对系统间字段进行匹配，同时检查数据的准确性，否则会造成系统数据迁移失败或出现数据偏差问题。

②系统垃圾数据的清理：将不再使用的数据留在老系统中，不迁移到新系统以减少内存占用。

③数据管理的升级：数字化转型过程往往伴随新的管理思维融入，在判断先进的管理概念是否能适应目前企业的管理水平时，需要谨慎评估，切莫为了追求管理精细化而揠苗助长，否则很容易造成转型失败。

4. 编制可实现的上线计划

在完成了需求的调研和流程的梳理后，应该为整个数字化转型项目编制可实现的上线计划，为之后系统有计划地执行上线工作奠定基础。

5. 系统测试

当系统中的流程建立好以后，需要进行测试，只有测试通过以后才能进行下一步的切换工作。

6. 人员意识的管理

企业的发展不仅仅靠系统，更需要员工意识的进步，在进行数字化转型的路途上，更需要提升全体人员的意识。特别是企业的领导者，更应该作为一个带头人，用自己的领导力推进变革。

7. 全面的数字化转变

在数字化转型的进程中，从开始的财务系统，到 ERP 系统的搭建，再到管理客户的客户关系管理系统（Customer Relationship Management，CRM）、对产品生命全周期管理的产品生命周期管理系统（Product Lifecycle Management，PLM）、对生产进行管理的制造执行系统（Manufacturing

Execution System，MES），再到将数据同步给供应商的电子数据交换（Electronic Data Interchange，EDI）应用、与银行的系统进行连接的银企直连系统，这里面都需要进行平台的对接和数据的统一化，使信息在各个系统之间流动起来。建立的系统势必要注重数据在系统间的互联，这样会减少工作量提高效率，实现数字化转型。

11.1.2 ERP 系统的内部控制

ERP 系统是给公司提供高效流程化和规范化系统应用的数字工具，在给公司提供便利的同时，如果公司没有对其进行良好的控制，其也会给公司带来风险。ERP 系统可能带来的风险如下。

1. 网络安全风险

目前 ERP 系统的布局主要有两种：传统的服务器模式和云端模式。这两者带来不同的网络安全风险。

（1）传统的服务器模式：ERP 系统布局在公司内，需要公司内部进行防火墙的建设，防止网络入侵导致的数据失窃或破坏。

（2）云端模式：云存储服务是由专业的公司进行运维的，有着较完善的网络安全维护，但是数据传输过程中的安全性及云服务的持续性，以及数据存储和转移的切换成本是公司要考虑的风险。

2. 数据丢失风险

（1）数据备份：在管理系统的过程中，应该注意对系统数据进行备份，以防止硬盘损坏而导致的数据丢失，而在云盘中，数据丢失风险会降低。

（2）灾难恢复计划（Disaster Recovery Plan）：在灾难发生的时候，如果公司的系统没有预备好的恢复计划，那就可能会导致公司的停摆。为了防范这一风险，公司需要做好灾难恢复计划，哪些系统是最重要的，需要在最短的时间内恢复，哪些次之，恢复的时间限制如何？每种系统恢复的方法是什么？是在异地对系统进行镜像备份，还是从其他地方拿到数据后再进行其他形式的恢复。公司需要定期根据系统的变化，重要性的改变，数据量的大小，进行灾难恢复计划的更新。

3. 访问权管理风险

访问权限控制包括两方面的内容。

（1）身份验证：如果未经身份验证的人滥用系统会给系统的运行甚至整个企业带来极大风险，如建立一个不存在供应商或未经授权更改付款账号等。为了避免这一风险，需要管理好用户的身份验证，只有被授权的用户使用自己的用户名、密码才能登录系统。

（2）权限设置：在 2.3.2 小节中我们阐述了职责分离的重要性，如果没有做好不相容岗位的分离，企业运营就将面临巨大的运营风险。要做好这一项工作，就必须做好系统权限设置。根据不相容岗位分离原则，根据不同的人员以及其工作内容，需要赋予其适当的与岗位一致的权限。公司应定期对权限设置进行审核，对其中冲突的岗位权限予以调整。

4. 程序修改管理风险

未经审批和验证的系统程序直接应用到真实的业务环境中，如发生问题，轻则带来一些系统使用错误或系统漏洞，严重的则会导致系统瘫痪或数据丢失，因此系统的程序修改需要经严格的审批和验证，未经审批的程序修改会给系统带来较大的风险。

11.1.3　数字智能对审计的影响

数字智能的发展给审计和内部控制带来了不小的变革。系统性的软件提高了审计工作效率。企业也在"以数治税"的倡导声中，被金税系统全方位监管起来。本小节介绍数字智能对审计的影响及"以数治税"的成果。

1. 数字智能给审计行业带来的变革

数字智能给审计行业带来的变革主要有以下两个方面。

（1）审计数据的准备从手工变成系统辅助。

传统的审计从看账查账开始，所有的数据来源于客户所提供的资料。而在数字智能时代，一些软件可以抽取相应的数据进行审查，大大减少了审计人员准备数据的工作量。

（2）利用系统化的模型找出异常之处。

外部审计和内部审计都在试图通过一些事前的模型的搭建找出在审计中可能出现异常的部分。比如一些关键字的提取，如在凭证中发现出差补贴，则会联想到相关补贴是否缴纳个人所得税。比如一些指标的预设，如应收账款突然比上年增加了一倍，则会引起审计人员的重视，从而去查明应收账款增长的原因。

模型的建立还有助于企业在事前更好地把控风险。

2. 数字智能给税务稽查带来的影响

金税系统是使用数字智能管控风险的优秀代表。早在十几年前，金税系统已经在向着建立不同行业数据库并以该数据库进行企业管理的方向迈进了。一些颇具规模的，在某些行业中有典型性、代表性的企业都被选入了数据库，以这些企业的各种数据指标去建立数据库，并以凭借相关数据设置的合理范围去管理相关行业的企业。现在许多企业拿到的税务风险报告都是数据偏离正常值、金税系统跳出疑点而形成的。

金税四期上线后，企业更多的数据包括一些与税收无关的数据都会被金税系统监控，呈现全方位、立体化的精准监管。届时信息将实现共享，金税系统对资金的管控会更严格，如果出现账外资金，那企业被查的风险将大大增加。

11.2　ChatGPT 对内部控制的协助 [1]

2023 年 ChatGPT 以一种迅雷不及掩耳的速度普及各个领域，同样也影响到了财务会计、内部控制审计领域。对于新出现的技术，我们要积极利用其强大的功能，为我们的工作提供便利，同时也要思考如何控制相应的风险。本节就从 ChatGPT 的功能，它能为内部控制提供哪些服务来展开。

1　本节部分内容使用 ChatGPT 功能创作。

11.2.1　ChatGPT 的功能

1.ChatGPT 是什么

ChatGPT 是一种计算机程序，使用机器学习算法和自然语言处理技术进行开发，可以理解和生成自然语言，可以回答问题、提供信息、执行任务等。ChatGPT 被设计用于帮助人们解决问题、提供服务、增强用户体验等方面。

ChatGPT 是很好的"文字"工作者，它能够非常快速地为你提出的问题提供一些思路和方案，回答得条理清楚，而且符合逻辑。

2.ChatGPT 有哪些功能

ChatGPT 的功能有很多，与财务内部控制相关的主要有以下方面。

（1）语言处理：问答、对话、语音识别、文本生成等。

（2）数据分析：分析和处理数据，包括数据清洗、统计分析、机器学习等。

（3）自动化流程：可以实现自动化流程，包括自动化测试、流程优化、自动化决策等。

3.ChatGPT 的问题

当然 ChatGPT 并不是万能的，它也存在不少不足之处，如：答案不准确；经验不足；回答和建议仅是基于算法提供的，不能代替用户的决策；等等。

虽然 ChatGPT 还存在一些问题，但是它确实是一个能够协助人们提高工作效率的软件和工具，在它搭出来的框架的基础上进行修改，就能很快完成以前要花很多精力和时间才能完成的工作。

同时，我们在利用新的工具时，也要抱着谨慎的态度对工具进行风险管理，将自己的判断和决策融入 ChatGPT 中，让它更精确地完成工作，以防止错误信息误导而产生风险。

11.2.2　ChatGPT 在内部控制中的应用

在上一小节中我们大概了解了 ChatGPT 的功能，那么这些功能可以在内部控制的工作中协助我们完成哪些工作呢？

1.ChatGPT 助力风险评估

在数据分析和文本识别中，ChatGPT 都有较为不俗的表现，这些功能能够协助我们更好地做好风险评估。

（1）数据分析能力风险筛查。

ChatGPT 可以根据风险模型迅速筛查出财务数据中的异常项目和风险点，提高数据分析的速度和准确性。

给 ChatGPT 一个报表，它可以从多个方面给出风险提示，如下所示。

高应收账款风险：公司的应收账款金额较大，这可能意味着公司销售的产品或服务有风险，客户支付能力不足或公司的收款流程存在问题，导致应收账款的回收速度变慢，从而影响公司的现金流状况。因此，需要内控团队对该项资产进行监控和分析，并加强应收账款催收和核实流程。

存货日渐增长：公司的存货规模也相对较大，这意味着公司可能存在库存堆积、销售不畅等问题，从而影响公司的现金流状况，也可能存在过期、损耗、水分等问题，对公司的利润和财务状况带来负面影响。因此，内控团队应当加强存货管理和监测，确保存货质量和价值的稳定和变现。

固定资产和在建工程风险：公司的固定资产和在建工程金额也相对较大，这意味着公司可能存在较高的资本预算或投资风险，这种风险可能导致公司的财务状况出现波动，而且在该领域可能存在审计问题。因此，内控团队应当加强固定资产和在建工程的管理和监控，制定相应的资本预算和投资策略，确保对应项目的可行性和收益性。

在以上评估的基础上，内部控制人员可以针对 ChatGPT 筛查出来的科目进行进一步的审核，从而有重点地推进工作。

（2）文本识别能力风险提示。

ChatGPT 可以从审计人员所发现的现象出发，进行风险识别分析，同时提出改进意见。我提出了几个对供应商管理的现象，具体如下。

我们公司的供应商管理存在以下情况，请你判断存在哪些风险：有些物料只能从一家供应商购买；有些物料虽然可以从两家供应商购买，但是系统制定的规则是从价格高的那家供应商购买；还有一些物料建立在系统里，但是既没有价格，也没有指定的供应商。

然后请 ChatGPT 帮我做一份风险分析报告，得到了以下的答案。

尊敬的领导，根据您提供的信息，我对公司的供应商管理进行了风险分析，具体报告如下：

物料只能从一家供应商购买的情况存在一定的风险。如果这家供应商出现了质量问题、交货延期等问题，公司将无法及时找到替代供应商，可能会影响公司的生产和业务。因此，公司需要对这些物料的供应商进行风险评估和监控，确保供应商的稳定性和可靠性。

从贵的供应商购买物料的情况也存在一定的风险。如果贵的供应商出现了质量问题或交货延期等问题，公司将承担更高的成本和风险，可能会影响公司的利润和财务状况。因此，公司需要对这些物料的供应商进行成本效益分析和风险评估，确保选择的供应商能够提供合理的价格和稳定的服务质量。

物料建立在系统里但没有价格和指定的供应商的情况存在风险。如果这些物料需要采购，但是没有建立供应商关系和价格框架，可能会导致采购流程的延误和混乱，影响公司的生产和业务。因此，公司需要对这些物料进行分类和管理，建立合理的采购流程和供应商管理制度，确保采购的透明、规范和高效。

综上所述，公司的供应商管理存在一定的风险和挑战，需要建立完善的供应商管理制度和风险评估机制，确保供应商的稳定性、可靠性和成本效益。同时，公司也需要加强对供应商的监控和管理，及时发现和解决供应商的问题，确保公司的业务和财务状况的稳健和可持续发展。

以上这份风险分析报告，逻辑分明，列出了三个风险点，都用了同样的结构：点明风险＋如果（假设情况）＋可能（潜在损失）＋因此（建议），最后进行了总结。

2.ChatGPT 助力撰写审计报告

文字处理是 ChatGPT 的强项，依然针对以上的供应商管理要求 ChatGPT 提供一份审计报告，写清楚报告的内容需要包括什么，就得到了如下的审计报告。

我对供应商管理进行了内审，现将审计报告如下：

1.审计范围：

本次审计的范围为公司的供应商管理，包括供应商的选择、评估、监控和管理等方面。

2.审计发现：

（1）一些物料只能从一家供应商购买，存在单一供应商风险；

（2）一些物料的采购只能从贵的供应商进行，存在成本效益不合理的风险；

（3）一些物料建立在系统里，但没有价格和指定的供应商，存在采购流程不规范的风险。

3.潜在风险：

以上问题存在一定的潜在风险。单一供应商可能会存在质量问题、交货延期等问题，无法及时找到替代供应商，影响公司的生产和业务；成本效益不合理的采购可能会导致公司承担更高的成本和风险，影响公司的利润和财务状况；采购流程不规范可能会导致采购延误和混乱，影响公司的生产和业务。

4.改进建议：

为了解决以上问题和潜在风险，我提出以下改进建议：

对单一供应商的物料进行风险评估和监控，建立备选供应商，确保供应商的稳定性和可靠性；

对成本效益不合理的采购进行成本效益分析和风险评估，选择合理的供应商，确保采购成本和服务质量的合理性；

对未建立供应商关系和价格框架的物料进行分类和管理，建立合理的采购流程和供应商管理制度，确保采购的透明、规范和高效。

以上改进建议旨在提高公司的供应商管理水平和风险控制能力，确保公司的业务和财务状况的稳健和可持续发展。

可见，只要提出正确的要求，一份标准的内部控制审计报告就能瞬间生成，大大提高了效率。

3.ChatGPT助力编制审计计划和审计程序

根据不同行业背景，结合最佳实践，可以让ChatGPT协助编制审计计划和审计程序，用以指导实践。

另外，在计算机审计过程中，也可以使用 ChatGPT 强大的编程功能，开发相关的程序，如一些前置的预防性措施、监测数据预警等功能，以达到审计师所要求的目的。

4. 财务内部控制人员的思考

当 ChatGPT 能快速做很多事情的时候，财务内部控制人员开始担心自己的未来在哪里。财务内部控制人员需要增加自己的高附加值，如丰富的行业经验、因地制宜的决策、深层次的分析和改善意见等，只有改变和成长，才能让自己立于不败之地。

延伸阅读

扫码即可观看
延伸阅读精讲内容